마음을 실험하다

재미와 호기심으로 읽고 상식이 되는 심리학

마음을
실험하다

강사월 글 · 민아원 그림

슬로래빗

지금 제 심리가 어때 보여요?

내가 심리학을 전공했다고 하면 십중팔구 저렇게 반문한다. 그럴 때마다 심리학은 그런 게 아니라고 대답하며 넘기지만, 사실 심리학을 한마디로 정의하긴 쉽지 않다. 나 역시도 심리학에 대한 막연한 동경을 안고 들어간 대학에서 뇌 구조만 달달 외우며, 상상하던 심리학과 실제 심리학과의 간극을 느꼈기 때문이다.

심리학은 대체 무엇인가?

심리학은 말 그대로 마음心의 이치理를 다루는 학문이긴 하다. 영어로도 마찬가지로 영혼을 뜻하는 Psyche(프시케)와 이치를 뜻하는 Logos(로고스)가 합쳐져 Psychology이다. 하지만 천문학이 점성술과는 거리가 멀고, 화학이 연금술과 거리가 멀 듯이 심리학도 마음을 읽는 독심술 혹은 관상술과는 거리가 먼 학문이다.

심리학 입문서에서는 '인간 마음의 구조와 과정을 과학적으로 밝히기 위해 여러 실험적 방법을 사용해서 인간의 행동을 관찰하는 과학의 한 분야'로 심리학을 정의하고 있다. 다른 과학들처럼 이론을 바탕으로 가설을 세우고 실험을 하고 결과를 분석하여 객관적으로 설명하는 학문인 것이다. 한 번쯤 궁금해한 적 있는 사람들의 마음을 실험하는 학문이라고 하면 좀 더 그럴싸할까?

심리학은 답이 없다? 허무맹랑하다?

종종 듣는 말이다. 어쩌면 그 말이 맞을지도 모른다. 대부분의 심리학 연구 결과는 사람들의 행동을 평균 내어 결론짓는데, 그 과정에서 개개인의 특성이 상당히 무시되기 때문이다. 하지만 일상생활에서 흔히 접할 수 있는 현상에 대한 실험 결과로, 우리들의 마음이나 행동을 한 번 더 생각해 보고 이해를 넓힐 수 있다는 데 의의를 둘 수 있지 않을까. 이 책은 그런 의도로 만들어졌다. 단순한 재미나 호기심으로 읽어도 좋고, 심리학을 조금이나마 더 쉽고 명확하게 이해하면 더 좋고, 나아가서 일상을 풀어나갈 때 한 줌의 상식이 되면 더할 나위 없겠다.

2014년 봄, 누가 내 글을 읽어줄까 반신반의하며 네이버 포스트에 첫 글을 올린 이후로 어느덧 100편이 넘는 글을 연재했고, 이렇게 책으로 묶여

나왔다. 내 글을 읽어주며 지지해준 독자들이 있었기에 가능한 일이었다. 아울러 동료 포스트 작가들과 도서출판 슬로래빗에도 감사를 표한다. 마지막으로 항상 내 글을 읽으며 첫 번째로 피드백을 보내주시는 나의 사랑하는 부모님, 그리고 하나뿐인 남동생에게도 사랑을 전한다.

contents

제3장

나는 소비한다, 고로 존재한다_소비심리학

제4장

어린 시절에 답이 있다_발달심리학

제5장
뇌를 다해 사랑하라 _ 사랑심리학

제6장
'우리'라는 이름으로 _ 사회심리학

제7장
지금 당장 행복해지고 싶다면 _ 긍정심리학

제8장
성격을 보면 인생이 보인다 _ 성격심리학

제1장

불완전한 뇌와
함께 살아가기

인지심리학

너무 많이 읽고 자기 뇌를 너무 적게 쓰면
누구나 생각을 게을리하게 된다.
– 알버트 아인슈타인(Albert Einstein)

기억의 세계 _ 기억의 종류와 원리

대학생 N은 자신의 몹쓸 기억력 때문에 답답하다. 분명 밤을 새워 시험 내용을 달달 외웠는데 시험지를 앞에 두고는 기억이 하나도 나지 않았기 때문이다. 단 몇 시간 전에 외운 것도 기억하지 못하는 자신의 기억력을 탓하며 집으로 돌아와 인터넷에 기억 잘하는 법을 검색해본다.

tt ^{r}lo + 792 ∗ $ en

197 b i

• • •

다음의 단어들을 한 번 보고 몇 개를 기억할 수 있는지 확인해보자.

> 책상, 사슴, 우주, 토마토, 자전거, 농구, 유모차, 얼음, 선물, 바다

열 개의 단어 중 몇 개를 기억했는가? 5개에서 9개 사이의 단어를 기억했다면 당신은 평균적인 기억력을 가지고 있다고 말할 수 있다. 1956년 프린스턴 대학의 조지 밀러George Miller라는 심리학자가 주창한 내용에 따르면 사람들은 평균적으로 7±2개의 정보를 임시로 기억할 수 있다고 한다.[1] 이를 가르쳐 '매직 넘버 7±2'라고 하거나 밀러의 법칙Miller's Law이라고 한다. 이는 단기 기억Short-term Memory의 용량으로 공식화되어 이후 기억력에 대한 실험과 연구에 많은 영향을 미쳤다.

기억의 종류에 대해 더 자세히 살펴보자. 우리의 기억은 크게 장기 기억Long-term Memory과 단기 기억으로 나뉘는데, 장기 기억은 무한한 용량과 기간을 가지고 있다.[2] 어렸을 때 가족과 갔던 잊을 수 없는 여행이나 크게 다쳤던 경험 등 오랜 시간이 지났음에도 불구하고 기억하는 일들이 이에 속한다. 장기 기억은 또한 외현 기억Explicit Memory과 암묵 기억Implicit Memory으로 나뉜다. 외현 기억은 말로 표현할 수 있는 기억으로 과거의 일이나 사실에 대한 기억인 반면, 암묵 기억은 말로 설명하기는 어려우나 감정이나 행동으로 기억하는 것으로 자전거를 타는 방법 등이 속할 수 있다.

단기 기억은 제한된 용량과 기간을 가지
고 있다.[3] 정보를 반복하여 보거나 따로 의도
하여 외우지 않으면 보통 20초에서 30초 정
도 기억할 수 있다고 하는데, 앞서 말했듯이
평균 7개 정도의 정보를 30초 내외로 기억할 수 있는 것이 단기 기억이다.
중국집에 음식을 주문하려고 전화번호를 보고 번호를 누르는 순간까지 기
억하는 것도 단기 기억의 역할로 볼 수 있다.

기억에 관해 이야기하면 많은 사람들이 "어떻게 하면 기억력을 높일 수
있을까?"라는 질문을 던진다. 기억력을 눈에 띄게 향상시키는 방법을 찾기
는 힘들겠지만, 기억력을 높이는 데 도움이 되는 방법은 있다.

바로 반복Rehearsal과 청킹Chunking이다. 반복은 말 그대로 계속 그 정보
를 반복하는 것이다. 시험공부를 할 때도 충분한 반복을 해준다면 어떤 정
보들은 아주 오랫동안 기억에 남는 장기 기억이 되기도 한다. 청킹은 '의
미 덩어리 짓기'라고도 하는데 정보들을 의미 있는 그룹으로 조직화해 기
억하는 것을 말한다. 예를 들어 '1234567'의 숫자를 외울 때 개별 숫자들을
낱개로 인식하면 총 7개의 정보를 기억해야 하지만, 전화번호를 외우는 것
처럼 '123-4567'로 외우면 '123'과 '4567'이 각각 다른 그룹을 이루어 2개
의 의미 덩어리를 기억하면 되는 것이다. 이런 식으로 하면 우리가 외울 수
있는 정보량의 한계를 어느 정도 극복할 수 있다.

단기 기억과 아주 비슷하면서도 다른 개념인 **작업 기억**Working Memory
도 흥미롭다.4) 작업 기억 또한 짧은 기간 동안 임시로 정보를 기억하는 것
인데 수동적으로 기억하는 것이 아니라 능동적으로 그 정보를 가지고 새
로운 정보로 변환시키거나 이해, 추론, 학습에 사용하는 것으로 단기 기억
과는 목적이 다르다. 길을 걷던 사람이 갑자기 멈춰 서서 문자를 보내고 있
다면, 걸으면서 문자를 동시에 보내기에는 작업 기억에 한계가 와서일지
도 모른다. 이렇듯 작업 기억은 일상생활과 밀접한 관계를 맺고 있는데, 외
부나 내부에서 얻어진 여러 정보를 관리하고 그때그때 상황에 맞게 조절
해주는 역할을 한다.

　　작업 기억이 어떻게 쓰이는지 조금 더 알아보자. 작업 기억은 사람들이
많아 혼잡한 곳에서도 일행의 대화에 집중할 수 있게 해주며, 멀티태스킹
Multitasking도 가능하게 해준다. 여러 가지 물건이 쌓인 마트에서 자신이
원하는 물건을 고를 수 있는 것에도 작업 기억이 쓰인다. 운전할 때 핸즈프
리로 통화한다고 해도 사고의 위험성이 높아지는 것 역시 작업 기억의 용
량과 관계가 있다. 주의력이 운전과 통화, 두 군데로 분산되기 때문에 사고
의 확률이 높아지는 것이다. 종이와 펜 없이 암산을 할 수 있는 것도 작업
기억 덕분인데, 이런 작업 기억 능력이 IQ보다 아이들의 지적 능력을 더
잘 예측해줄 수 있다는 연구도 있다.5)

우리의 모든 행동은 과거를 기억하기 때문에 가능한 일일 것이다.
집이 어디인지 기억하고 있기 때문에 내려야 하는 정류장을 알 것이고,
사랑하는 사람의 얼굴을 기억하기 때문에
그 사람과 포옹할 수 있을 테니 말이다.
잊고 싶은데 잊혀지지 않아 괴로운 기억들마저
어쩌면 다시는 그런 경험을 하지 않기 위해서 기억해야 하는 일 아닐까?

기억이 안 난다면 맥락을 같게 해보라

_맥락 의존적 기억

1. 국어	08:40 ~ 10:00
2. 수학	10:30 ~ 12:10
3. 영어	13:10 ~ 14:20
4. 사회/과학탐구	14:50 ~ 15:52
5. 제2외국어	16:20 ~ 17:00

수험생인 W는 시험을 치를 때 사소한 것에 민감해진다. 항상 자신이 앉았던 자리에서 봐야 집중이 더 잘 되고 언어, 수리, 외국어 순서로 봐야 페이스 조절이 쉽다. 학교에서 처음 영어 듣기 시험을 치던 날, 이어 폰으로만 공부하던 W는 스피커에서 흘러나오는 소리가 귀에 들어오지 않아 시험을 완전히 망쳐버렸다. 친구들은 왜 이렇게 민감하게 구냐고 하지만 무언가 바뀌면 기분뿐만 아니라 시험 성적으로도 그대로 드러나는 것 때문에 W도 답답할 따름이다.

●●●

술을 먹고 휴대폰이나 열쇠를 잃어버린 경험은 주위에서 쉽게 찾을 수 있다. 다음 날 정신을 차리고 물건을 두고 왔을 만한 곳을 여기저기 뒤져봐도 나오지 않는 경우도 있고 정말 의외의 장소에서 발견되기도 한다. 어디에서 잃어버렸는지 도저히 생각나지 않는다면 다시 한 번 술에 취해보자. 그러면 조금이라도 더 찾기가 수월해진다면 믿어지는가?

우리가 무엇인가를 기억하는 기억 형성의 단계는 이렇다. 먼저 정보를 부호화Encoding시켜 머릿속에 입력한 후, 그 정보가 필요할 때까지 저장Storage했다가 필요할 때 다시 정보를 인출Retrieval하는 것이다.6)

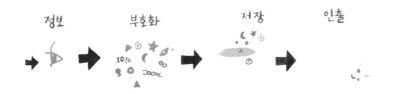

이 과정에서 정보를 부호화시키는 첫 번째 과정과 정보를 인출하는 마지막 과정의 맥락이 같을 때 정보를 정확하게 인출할 가능성이 높아진다. 즉, 물건을 잃어버렸을 당시의 맥락이 술에 취했던 상태라면, 다시 술에 취할 때 기억해낼 가능성이 커진다는 말이다.

한 연구에서 스쿠버들을 상대로 총 36개의 단어를 암기하게 했다.[7] 참가자들은 모두 스쿠버 장비를 착용했으며, 절반은 땅 위에서 나머지 절반은 물속에서 암기했다. 잠시 후에 몇 개의 단어를 암기했는지 평가했는데, 이 과정에서 중요한 것은 땅 위에서 암기한 참가자의 절반은 물속으로 장소를 옮겨 평가했다는 사실이다. 마찬가지로 물속에서 암기한 참가자의 절반은 땅 위로 옮겨서 평가했다.

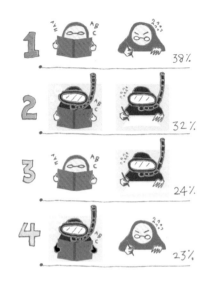

실험 결과는 흥미로웠다. 두 그룹 모두 단어를 암기한 상황과 평가한 상황이 같을 때 더 많은 단어를 기억해냈기 때문이다. 땅 위에서 암기한 경우를 살펴보면, 땅 위에서 평가했을 때 평균 38%의 단어를 기억했지만, 물속으로 옮겨 평가했을 때 평균 24%의 단어를 기억해냈다고 한다. 이러한 것을 맥락 의존적 기억Context-dependent Memory이라고 한다.

학습할 때와 평가할 때 기분이 같으면 더 잘 기억이 나는 기분 의존적 기억Mood-dependent Memory과 생리적 상태(예: 마리화나를 피울 때)가 같으면 기억이 더 잘 나는 상태 의존적 기억State-dependent Memory 도 같은 원리다.

스트레스받는다고 공부하면서 술을 마시고, 기억 잘 나게 한다며 술 마시고 시험 치러 가는 사람은 없을 거라 믿는다. 아무리 두 상태가 같다고 해도 술을 마신 상태에서의 기억력은 기본적으로 매우 엉망일 테니까.

인간은 정말 뇌의 10%만 사용할까?
_ 뇌에 대한 오해

고등학생 G는 시험공부 하다가 하두 답답해서 자신의 머리를 팡상 책상에 부딪쳤다. 다음 주가 시험인데 도저히 암기 과목이 잘 외워지지 않아 답답한 마음에서다. 아인슈타인도 자기 뇌의 10%도 사용하지 못했다고 하던데 자신의 뇌는 도대체 1%라도 제 기능을 하는지 궁금했다.

머리가
터질 것 같아~!

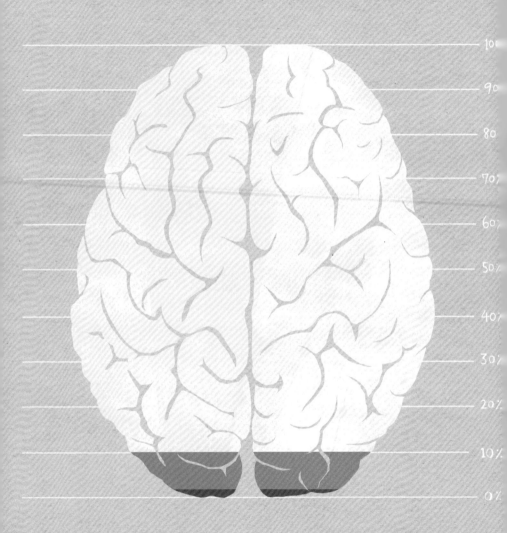

● ● ●

    사람은 살면서 뇌의 10%만을 사용한다는 말을 들어본 적 있는가? 그 말이 맞는다면 나머지 90%는 단지 부피만 차지하고 있다는 말이 되는데, 그것만큼 비효율적인 것도 없을 것이다. 왜 이런 말이 나왔을까? 그 말은 사실인 걸까?

    과학자들은 뇌에서 상당한 부피를 차지하고 있는 전두엽Frontal Lobe과 두정엽Parietal Lobe의 역할에 대해서 오랫동안 알아내지 못했다.[8] 전두엽과 두정엽이 다쳐도 운동 능력이나 감각 기관에 아무런 손상도 보이지 않았기 때문에 단순히 아무 역할도 하지 않는다고 생각했던 것이다. 그래서 오랫동안 뇌의 대부분이 불필요한 영역이라는 믿음이 생겨났는지도 모르겠다.

    하지만 fMRIfunctional Magnetic Resonance Imaging(기능적 자기 공명 영상) 등 기술의 발달로 전두엽과 두정엽의 역할이 밝혀졌는데, 환경에 유연하게 적응하고 상황에 따른 판단을 내리며 계획을 세우고 추론하는 등 인간으로서 존재할 수 있게 하는 집행 기능Executive function이 그것이다.

    뇌가 얼마나 많은 에너지를 소모하는지 살펴보더라도 뇌의 10%만을 사용한다는 생각이 얼마나 말이 안 되는지 알 수 있다. 쥐나 개의 뇌는 체내 에너지의 5%를 소모하고 원숭이의 뇌는 10%를 사용하는 데 비해 성인 인간의 뇌는 체내 에너지의 20%를 소모한다. 성인 뇌의 부피가 신체의 단 2%를 차지하는 것을 생각하면 엄청나게 큰 수치이고, 아이들의 경우 체내

에너지의 50%, 신생아는 60%를 소모하여 그 비중이 더 크다고 한다.

또한, 인간의 뇌는 다른 어떤 동물의 뇌보다 많은 수의 뉴런Neuron(신경계의 기본 단위)으로 이루어져 있다. 자극과 흥분 등을 전달하는 뉴런 8,600억여 개가 1.5kg의 뇌에 빽빽하게 포함되어있다는 사실이 인간을 만물의 영장으로 만들어주는 것이다. 몸무게 25kg인 원숭이가 5,300억여 개의 뉴런을 가진 뇌를 유지하기 위해 하루 8시간을 오직 먹는 것에만 투자해야 한다는데 인간은 어떤가? 불을 발견한 후 음식을 익혀 먹기 시작한 인간은 적은 양의 음식으로도 영양소를 흡수할 수 있어서 보다 효율적이다.

하지만 이것만으로는 엄청난 수의 뉴런을 유지하고 활성화하기에 부족하다. 인간의 뇌가 선택한 전략은 바로 여러 영역을 조금씩 활성화하는 것이었다. 예를 들어, 우리가 무엇인가를 볼 때 시각 처리를 담당하고 있는 영역이 주로 활성화되지만 다른 부위들도 조금씩 활성화된다. 드문

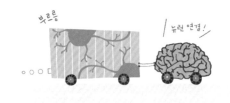

부호화Sparse Coding라 부르는 방식인데, 여러 영역이 활성화됨으로써 다양한 뉴런들이 연결되는 길을 열어주면서 최소한의 에너지로 최대의 정보를 처리할 수 있게 하는 전략이다.

따라서 뇌의 10%만을 사용한다는 속설은 잘못되었다. 모든 부위가 함께 유기적으로 연결되어 우리를 존재할 수 있게 해주는 것이다.

뇌에 대한 통설 중에 '나이가 들수록 지적 능력이 떨어진다.'라는 말이 있다. 인지적 능력이 퇴화하는 것은 사실이다. 아이들이 어른들보다 훨씬 쉽고 빠르게 외국어를 습득할 수 있고, 젊은이들이 나이 든 사람들보다 단어 암기나 틀린 그림 찾기 등에서 실력이 좋다.

하지만 나이가 들면서 계속 발전하는 능력들도 있다. 나이 든 사람들이 더 많은 단어를 알고 있어서 미묘한 의미 차이를 잘 구분하여 사용하고, 어떤 이에 대한 몇몇 사실만으로 그의 성격적 특징을 잘 파악한다는 실험 결과도 있다.9) 또한, 갈등을 해결하기 위해 주변의 도움을 구하는 등 보다 지혜로운 모습을 보인다. 나이가 들면서 행동이 느려지는 것처럼 뇌가 생각하는 속도도 느려지지만 점점 삶의 지혜가 쌓이며 뇌도 연륜이 생기는 것이다.

아인슈타인의 뇌도 특별한 것은 없었다고 한다.
그가 우리와 다른 점이 있다면
그만큼의 노력을 더 기울였다는 것 아니었을까?

내가 기억하는 것들이 모두 사실인 걸까? _ 기억의 왜곡

A는 친구와 몇 년 전에 함께 갔던 캠핑 이야기를 하다 깜짝 놀랐다. 버너 옆에 있던 화장지에 불이 옮겨붙어 자칫 큰불이 날 뻔했던 아찔한 사건을 친구가 전혀 기억하지 못했던 것이다. 언제 그랬냐며 펄쩍 뛰는 모습을 보니 자신이 잘못 기억하는 건 아닌지 혼란스러워졌다.

불이었다구~

무슨 소리야
단풍이었지~

• • •

약혼자와의 결혼을 앞둔 평범한 한 남자가 있었다. 여느 날과 다를 바 없던 어느 저녁, 일을 마치고 집으로 돌아가던 이 남자는 영문도 모른 채 경찰서에 끌려갔다. 근처에서 성폭행 신고가 들어왔는데 용의자와 인상착의가 매우 유사하다는 이유에서였다. 범인이 확실하다는 피해자의 진술 때문에 이 남자는 억울한 수감 생활을 하게 되었다. 그리 짧지 않은 시간 동안, 이 남자는 직장을 잃었고 약혼자가 떠났으며 그동안 모아둔 돈까지 모두 날리게 되었다.

뒤늦게 진범이 잡혀 제자리를 찾아가길 기대했지만 그의 나이 35세, 한창 젊은 나이에 스트레스성 심장마비로 세상을 떠나면서 안타깝게 끝이 났다

미국의 한 조사에 따르면, 300명이 넘는 사람들이 자신이 저지르지도 않은 죄로 10년, 20년, 많게는 30년 이상의 시간을 감옥에서 억울하게 보냈다고 한다.[10] 유전자 감식 기술이 없었던 과거에는 이런 경우가 훨씬 많았는데, 억울한 옥살이를 한 사람들의 75% 정도가 누군가의 잘못된 기억 때문에 누명을 쓰게 된 것이다. 사람들은 아주 확신에 차서 "내 두 눈으로 똑똑히 봤다."며 자신들의 기억에 의심을 품지 않는데 실제로 우리의 기억은 우리가 생각하는 것만큼 정확하지 않다. 지금 기억해놓으면 나중에 내가

원할 때 언제든지 정확하게 다시 기억해내는 것이 아니라 언제나 왜곡될 수 있는 것이 기억이다.

기억의 왜곡에 대한 연구는 역사가 꽤 깊다. 실험 참가자들에게 어떤 상황을 보여주고 기억을 왜곡시킬 수 있는 조작 장치를 넣은 후 나중에 그 상황을 다시 기억하게 하는 것이 전형적인 연구 방법이다.

한 실험을 살펴보자.[11] 마스크로 얼굴을 가리고 오른손에 총을 든 강도가 편의점 주인을 위협하며 돈을 훔쳐 달아나는 모습이 담긴 영상을 실험 참가자들에게 보여주었다. 시간이 조금 지난 뒤 통제 집단에게는 "범인이 어떤 손에 '무기'를 들고 있었습니까?"라고 질문했고, 실험 집단에게는 "범인이 '칼'을 들고 있었던 손은 어떤 손입니까?"라고 질문했다. 실험 집단에게 했던 질문은 기억을 왜곡하기 위해 의도된 질문이었는데, 질문지의 마지막에 범인이 손에 무엇을 들고 있었는지 다시 한 번 묻자 실험 집단의 사람들은 총이 아닌 칼로 대답하는 경향이 강했다고 한다.

이런 모습은 실제로 피해자나 목격자가 어떤 사건을 겪고 난 후 진술하는 과정과 흡사하다. 조사 과정에서 잘못되거나 편향된 방향으로 질문하면 앞의 실험에서처럼 원래의 기억을 왜곡하기도 하는 것이다. 특히나 어린아이들의 경우, "그래서 아저씨가 어딜 만졌어?" 등의 질문을 반복하면 없었던 일마저 일어난 일로 생각하고 잘못된 진술을 할 수도 있다. 비단 어린아이들에게만 일어나는 일은 아니다.

또 다른 실험에서 한 청년이 실험 진행자에게 자신이 5살 때 쇼핑몰에서 길을 잃어버렸던 경험을 그때의 상황과 느낌을 곁들여서 꽤 구체적으로 이야기했다.[12] 실제로 그 청년은 쇼핑몰에서 길을 잃어버린 적이 없었다. 청년의 부모님이 어릴 적 쇼핑몰에서 찍었던 사진을 보여주며 이야기를 지어서 몇 번 들려준 것이 전부였는데, 청년은 그 일이 사실이라고 강하게 믿게 된 것이다.

기억의 왜곡에 관한 연구로 유명한 엘리자베스 로프터스Elizabeth Loftus는 단순한 단어의 사용이 기억의 왜곡에 미치는 영향을 살펴보았다.[13] 총 45명의 실험 참가자들은 교통사고가 담긴 영상물을 시청했는데, 교통사고 당시의 시속이 20마일, 30마일, 40마일 중 하나였다. 시청 후에 작성한 설문지에는 "두 차가 '충돌했을 때' 차는 얼마나 빨리 달리고 있었습니까?"라는 질문이 있었다. 여기서 주목할 점은, '충돌했을 때'를 '박살 났을 때', '충돌했을 때', '박았을 때', '접촉 사고가 났을 때' 등으로 다양하게 변형시켜 표현했다는 것이다. 설문 결과, '박살 났을 때'라는 표현을 사용했을 때,

실험 참가자들은 실제 영상에서 차가 달렸던 속도보다 더 빠른 속도로 차 사고를 묘사했다고 한다.

두 번째 버전의 실험에서는 같은 영상을 보여주고 "차 사고로 깨진 유리를 보았습니까?"라는 질문을 했다. 이 경우에도 '박살 났을 때'라는 표현을 사용했을 때 깨진 유리를 보았다고 응답할 가능성이 높았다. 실제로 유리는 깨지지 않았는데 말이다.

살다 보면 가끔 같은 사건을 다르게 기억하는 사람들을 만난다. 그 사건 이후로 있었던 다양한 경험과 생각이 기억 속에 있는 그 일을 조금씩 다르게 만든 것이다. 때로는 한 사람의 인생 전체를 바꿔버릴 수 있는 기억, 우리는 얼마나 기억을 믿을 수 있을까?

저... 실례지만 누구신지...

우리, 어디서 만난 적 있나요? _ 안면 인식 장애

영업직을 하는 D는 사람들 얼굴을 알아보는 데 젬병이다. 학교 다닐 때부터 그것 때문에 고생했는데, 사회에 나와 고객을 많이 상대하는 일을 하다 보니 곤란한 경우가 한두 번이 아니다. 보통은 머리 모양이나 옷으로 사람들을 구별하는데, 하루는 머리 모양을 완전히 바꾸고 온 직장 동료를 고객으로 착각했던 해프닝도 있었다.

● ● ●

사람의 얼굴을 잘 알아보지 못하는 증상을 안면 인식 장애Face Blindness, Prosopagnosia 또는 안면 실인증이라고 하는데, 특이한 점은 다른 사물을 구별하는 데는 전혀 지장이 없는데 유독 사람의 얼굴은 구별하기가 어렵다는 것이다.[14] 대체 왜 이런 증상이 있는 것일까? 우리의 뇌에 얼굴을 인식하는 영역이 따로 존재하기 때문이다. 후두엽Occipital Lobe 아래에 있는 방추상회Fusiform Gyrus가 바로 그곳이다.

안면 인식 장애의 원인은 크게 선천적인 경우와 후천적인 경우로 나눌 수 있다. 선천적인 경우, 태어날 때부터 얼굴을 정확히 인식하는 능력이 부족하고 이후로도 그 능력이 제대로 발달하지 못하는 경우로 유전적인 영향이 가장 크다. 후천적인 경우는 얼굴을 인식하는 뇌의 영역이 다친 경우가 대부분이다. 독일의 한 연구에 따르면 약 2.47%의 사람들이 선천적인 안면 인식 장애로 고통받고 있는데, 후천적인 경우가 그에 비해 더 많다고 한다.[15]

선천적 안면 인식 장애를 가진 학생 17명을 조사한 한 연구에서는 14명의 학생에게 비슷한 증상을 가진 가족이 있는 것으로 나타나 유전적 영향이 큰 것이 확인되었다.[16]

증상에 따라서는 두 가지로 구분할 수 있는데, 첫 번째 유형인 통각성 안면 인식 장애Apperceptive Prosopagnosia의 경우 얼굴을 전혀 인식하지 못한다. 똑같은 얼굴을 보여줘도 같은지 다른지 구별하지 못하며 머리 모양이나 목소리로 사람들을 구별한다. 두 번째 유형인 **연합성 안면 인식 장애**As-sociative prosopagnosia의 경우에는 얼굴이 같은지 다른지는 구별할 수 있고 나이나 성별 등도 파악할 수 있지만, 그 사람이 정확히 누구인지 구별해내는 데는 어려움을 겪는다.

다음은 안면 인식 장애를 자가진단할 수 있는 7가지 항목이다. 해당하는 항목이 꽤 나온다면 안면 인식 장애의 가능성을 의심해야 할지도 모르겠다.

① 가까운 가족이나 친구의 얼굴을 알아보지 못한다.
② 사람을 얼굴보다는 머리 모양 등 다른 특징으로 기억하려 한다.
③ 드라마나 영화 속 등장인물들을 잘 구별하지 못한다.
④ 거울 속이나 사진 속에 있는 자신을 잘 알아보지 못한다.
⑤ 간단하게 인사를 하고 지나가는 사람들을 알아보지 못한다.
⑥ 머리 모양을 바꾸고 나타나면 알아보지 못한다.
⑦ 이웃이나 친구, 동료들을 다른 장소에서 만나면 알아보지 못한다.

안타깝게도 안면 인식 장애는 아직 치료방법이 나오지 않았다. 목소리나 머리 모양, 옷차림 등 다른 특징으로 사람을 알아볼 수 있도록 돕는 방법을 주로 사용하고 있다. 경미한 경우라면 그런 식으로 일상생활을 해나갈 수 있지만 심각한 경우 대인 관계나 업무에 큰 어려움을 겪기도 하고 우울증으로 연결될 수도 있다.

심리학에서는 얼굴 인식과 관련된 연구 분야가 따로 있을 정도로 연구가 활발한데, 안면 인식 장애 외에도 몇 가지 심리학 용어를 더 살펴보자.

우리는 거꾸로 뒤집힌 사물은 쉽게 인식하지만, 뒤집힌 얼굴은 누군지 잘 못 알아보고 눈이나 코, 입 등 일부가 뒤집혀있어도 이상함을 눈치채지 못한다. 이를 얼굴 역전 효과Face Inversion effect라고 부른다.17)

또한, 같은 인종의 얼굴은 어려움 없이 구별하지만, 다른 인종의 얼굴을 구별하는 데는 어려움을 겪는다. 먼저 얼굴 사진을 보여준 뒤 다시 여러 장의 사진을 보여주며 앞에서 본 얼굴을 고르게 하는 실험에서, 다른 인종의 사진을 사용하면 사람들은 혼란을 겪는다. 이런 현상을 크로스 레이스 효과Cross-Race Effect라고 부른다.18)

오십 명에서 한 명꼴로 나타난다는 안면 인식 장애.
사랑하는 사람의 얼굴을 정확하게 알아볼 수 있다는 것은
어쩌면 축복 아닐까?

고릴라가 있다? 없다? _ 변화 맹시

B는 인터넷에서 재미있는 영상을 하나 발견했다. 흰옷과 검은 옷을 입은 사람들이 농구 경기를 하는데, 흰옷을 입은 팀이 몇 번의 패스를 주고받는지 세면서 봐야 하는 것이었다. 영상이 끝난 후 까만 고릴라 탈을 쓴 사람이 지나가는 것을 보았느냐는 질문에 깜짝 놀라 다시 영상을 보니 실제로 고릴라 탈을 쓴 사람이 문워크를 하며 지나가고 있었다. 패스 횟수를 세는 것에 집중하다 보니 전혀 눈치채지 못했던 것이다.

여기로~

날좀보소
날 좀 보소

•••

영화 편집 기술이 처음 등장했을 무렵, 같은 장면에 등장인물들은 그대로인데 편집 실수로 배경이 달라지는 경우가 종종 있었다. 그런데도 영화를 보는 사람들은 그 차이점을 잘 알아차리지 못했다. 이런 현상을 **변화 맹시**Change Blindness라고 부르는데 말 그대로 어떤 변화가 일어나는 것을 알아차리지 못하는 현상을 뜻한다.

이런 변화 맹시를 실제 생활에서 실험해본 연구가 있다.[19] 학교 캠퍼스나 길거리의 사람들에게 실험 진행자가 손에 쥔 지도를 보며 길을 묻는 실험이었다. 행인이 진행자에게 길을 알려주는 도중에 갑자기 큰 유리를 옮기는 사람들이 나타나 행인과 진행자 사이를 가로질러 지나갔다. 그들이 지나간 후에 행인은 계속해서 지도를 보며 길을 알려주고 가던 길을 갔다.

사실, 유리를 옮기는 사람들이 두 사람 사이를 가로질러 가는 동안에 실험 진행자는 외모도 옷차림도 완전히 다른 사람으로 바뀌었다. 하지만 그 변화를 눈치챈 행인은 극히 드물었다. 이후에, 실험의 취지를 밝히기 위해 길을 알려준 행인들에게 모든 상황을 설명했는데도 대부분은 눈앞에

서 일어났던 일을 쉽게 믿지 못했다.

변화를 눈치채는 데 있어 가장 중요한 요소 중 하나는 주의력Attention인데 우리가 미처 주의를 기울이지 못한 곳에서 변화가 일어났을 때 그 변화를 감지하기란 쉬운 일이 아니다. 특히, 다른 물체로 시선을 옮기는 동안 주의력이 엄청나게 줄어들어 전체 그림 크기의 20% 정도를 차지하는 사물이 갑자기 사라지거나 다른 물체로 변해도 사람들은 쉽게 알아차리지 못하기도 한다. 변화 맹시에 영향을 미치는 요소는 여러 가지가 있는데 나이가 들수록 변화를 인지하지 못할 확률이 높아지며, 자신의 전문 영역일수록 쉽게 변화를 인지할 수 있다고 한다.[20]

한 실험에서는 변화 맹시에 대한 동서양의 문화적 차이를 조사했다.[21] 그림 속의 한 물체가 중간에 사라지거나 바뀌는 그림들을 서양인과 동양인들에게 보여주고 변화를 알아차리기까지 걸리는 반응 속도를 비교했다.

그 결과, 중심 사물이 변화한 경우 서양인과 동양인 모두 금세 변화를 알아차렸지만, 배경에 있는 사물이나 풍경 등이 바뀐 경우, 서양인들이 동양인보다 훨씬 느린 반응 속도를 보였다. 서양인보다 동양인이 사물을 전체적인 관점에서 보는 경향이 있는데 그림을 볼 때도 서양인들은 초점이 맞추어지는 중심 물체에 집중하는 반면, 동양인들은 중심 사물과 전체 배경의 조화를 함께 보기 때문이다.

잃어버린 아이를 찾는다는 포스터 옆에 포스터
속의 아이가 서있어도 대부분의 사람들이 눈치채
지 못하고 지나치는 모습이 관찰된 실험도 있다.
눈치채지 못하는 사이 우리는 얼마나 많은 것들
을 놓치며 살고 있을까?

게임 중독은 폭력으로 이어지는가
_게임의 순기능과 역기능

남자아이 둘을 키우고 있는 주부 Z는 눈만 뜨면 컴퓨터 앞에 나란히 앉아 게임을 하는 아이들이 골칫거리다. 컴퓨터 한 대 가지고 매일 싸워대는 통에 어쩔 수 없이 한 대 더 장만해줬더니 그 모양이다. 학교 숙제는 제대로 하는지 잔소리를 매일 할 수도 없고 당장 내년이면 고등학생이 되는 큰아들이 대학이나 제대로 갈 수 있을지 걱정이다.

•••

게임 산업이 발전하면서 엄청난 수준의 그래픽과 사운드는 기본이고, 소설을 방불케 하는 탄탄한 스토리로 재미와 중독성이 대단해졌다. 여성 캐릭터의 특정 신체 부위를 유난히 강조하거나 칼로 사람을 찌르고 총을 난사하는 등의 잔인한 묘사로 선정성과 폭력성이 논란이 되기도 한다.

게임의 유해성에 대한 이런 논란은 어제오늘 일이 아니다. 특히나 게임의 폭력성이 아이들의 폭력성을 높인다는 목소리가 큰데, 과연 아이들에게 실제로 얼마나 영향을 미치는 것일까?

최근에 발표된 한 연구에 따르면 게임 자체의 폭력성보다 더 중요한 것은 아이들의 원래 성향이라고 한다.[22] 연구는 총 118명의 아이들이 가지고 있는 내재적인 성향을 먼저 측정한 뒤, 폭력적인 게임을 했을 때 폭력성이 얼마나 증가했는지 측정하는 방식으로 진행되었다.

그 결과 상대방의 의견에 잘 동의할 줄 모르거나 양심이 없다거나 신경이 예민한 아이들의 경우 폭력성이 증가하는 모습을 보였다. 하지만 그렇지 않은 아이들은 게임의 폭력성에 노출된다고 하더라도 크게 영향을 받지 않았다. 주목할 만한 사실은 게임 자체의 폭력성보다는 게임에서 과도하게 부추기는 '경쟁 심리'가 폭력성을 더욱 높인다는 것이다. 이 경우에도 경쟁 상황에서 지나치게 걱정하거나 예민하게 굴고 패배를 쉽게 받아들이지 못하는 아이들이 더 영향을 받기 쉬웠다.

다행스럽게도 연구에서는 게임의 폭력성이나 경쟁 심리로 영향을 받는 아이들이 우리가 흔히 생각하는 것보다 더 소수라고 밝혔다.

그렇다면 게임이 주는 순기능은 없는 것일까? 인지적인 순기능이 있다. 게임은 시각적인 정보를 더 빨리 처리하게 한다. 예를 들어 수많은 알파벳 'T' 사이에서 'L'을 찾는 등의 시각 검색Visual search 과제를 빠르게 잘 수행하는 능력을 키워줄 수 있다. 여러 지식의 범주를 넘나들면서 상황에 맞게 대처할 수 있도록 하는 인지적 유연성에도 도움이 된다. 2013년의 한 연구 결과를 보면 전략을 요구하는 게임이 인지적 유연성 향상을 돕는 것으로 나왔다.[23]

연구를 자세히 살펴보자. 실험 참가자들은 모두 여자였다. 게임 전후의 결과를 비교하려면 원래 게임을 잘 하지 않는 사람이어야 하는데, 남자 중에는 없었기 때문이다. 참가자들은 세 그룹 중 하나에 속하게 된다. 첫 번째 그룹은 자신의 영역이 하나, 적군의 영역도 하나인 단순한 방식으로 스타크래프트Starcraft를 한다. (스타크래프트는 자신의 영역을 발전시키며 싸움을 할 수 있는 유닛들을 모아 상대방을 공격하는 게임이다.) 두 번째 그룹은 자신의 영역이 둘, 적군의 영역도 둘로 하여 조금 복잡한 방식으로 스타크래프트를 하고, 세 번째 그룹은 특별한 전략이나 기억력이 필요 없는 시뮬레이션 게임인 심즈Sims를 한다.

참가자들은 이렇게 총 40시간 동안 게임을 하고 나서 게임 전후의 인

까만색
노란색
빨간색

지 능력 변화를 평가받았다. 평가에는 인지적 유연성이 필요한 과제와 그렇지 않은 과제들이 있었다. 인지적 유연성을 평가하는 과제 중 대표적인 것으로 스트룹 과제Stroop Task가 있다. 예를 들어 'Black'이라는 단어를 빨간색 글자로 써놓고 사람들이 얼마나 빠르고 정확하게 '빨간색'으로 응답할 수 있는지를 보는 식이다. 이런 종류의 과제들에 빨리 적응하여 응답할수록 인지 능력이나 사고 과정이 더 유연하다고 평가하는 것이었는데 게임 전후 점수를 비교해본 결과는 상당히 인상적이었다.

스타크래프트를 한 그룹이 심즈를 한 그룹보다 인지적 유연성 측면에서 훨씬 큰 점수 향상을 보였고, 복잡한 방식으로 스타크래프트를 한 그룹이 그중에서도 가장 큰 폭으로 올랐기 때문이다. 다양한 전략과 상황을 고려해야 하는 게임이 참가자들의 인지적 유연성 향상에 도움이 된 것이다. 한편, 유연성을 요구하지 않는 과제에서는 큰 점수 차이가 보이지 않았다고 한다.

게임이 무조건 악영향을 미치는 것도 아니고, 인지 능력 향상에 도움이 되는 게임도 있다. 하지만 게임 말고도 다양한 음악적, 신체적 활동이 인지 능력 향상에 도움이 된다는 연구 결과도 수없이 많다. 그러니 잠시 모니터 앞을 벗어나 보는 건 어떨까?

제2장

미디어가
우리에게 남긴 것들

미디어심리학

인생은 스마트폰이나 컴퓨터 모니터 안에 있는 것이 아니다.
– 구글 회장 에릭 슈미트 (Eric Schmidt)

인터넷 중독도 하나의 질병이다 _ 인터넷 중독

대학생 Y는 이번 학기에 두 과목이나 F 학점을 받았다. 이 때문에 졸업도 한 학기 늦어질 것 같다. 창피해서 친구들에게 제대로 말을 못했지만, 인터넷 커뮤니티에서 다른 회원들과 밤새 채팅을 하기도 하고 게임을 하며 밤을 새우다가 과제나 수업에 자주 빠지면서 F 학점을 받게 된 것이다.

• • •

　요즘은 아이, 어른을 막론하고 인터넷으로 숙제나 업무에 필요한 정보를 얻거나 인간관계를 관리하고 취미 생활을 하기도 하여 인터넷 사용을 무조건 막을 수는 없다. 하지만 과도하게 인터넷에 집착하고 사용 시간을 능동적으로 관리하지 못하여 **인터넷 중독 장애**Internet Addiction Disorder에 이르는 사람도 분명 있다. (정신 질환 체계를 정리한 DSM에는 아직 없지만, 등재되는 것은 시간문제일 듯하다.)

　인터넷 중독은 젊은 남성에게서 많이 일어날 것이라고 대개 생각하지만, 여러 연구에 따르면 연령, 성별, 사회적 지위에 무관하게 누구에게나 일어날 수 있다고 한다. 아래 항목 중 다섯 가지 이상에 해당한다면 인터넷 중독 장애를 의심할 필요가 있다고 하니 확인해보자.[1]

　① 인터넷과 관련한 생각으로 머리가 가득 차 있다.

　② 짧은 시간 인터넷을 해서는 만족감을 얻을 수 없다.

　③ 인터넷 사용을 줄이기 위해 노력해보았으나 성공하지 못했다.

　④ 인터넷 사용을 줄이려고 하면 무기력해지고 우울해진다.

　⑤ 생각했던 것보다 오랜 시간 인터넷을 사용한다.

　⑥ 인터넷 때문에 직업적 기회, 인간관계 등에 손해를 본 적이 있다.

　⑦ 인터넷 때문에 가족이나 주위 사람들에게 거짓말한 적이 있다.

　⑧ 우울한 기분을 극복하기 위한 수단으로 인터넷을 이용한다.

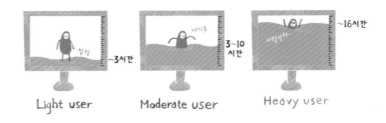

인터넷 중독은 기분을 급작스럽게 변하게 하거나 우울증과 비슷한 무기력함을 느끼게도 하고, 외적으로는 인간관계를 망가트리고 가족과의 갈등을 일으키는 등 무서운 장애다. 다양한 증상을 동반하기 때문에 우울증과 같은 정서 장애에 해당하는지, 행동을 자의적으로 조절하지 못하는 충동 장애에 해당하는지 아직 논란이 많다. 다른 중독들과 마찬가지로 인터넷에 중독되면 만족감을 담당하는 뇌의 영역이 활성화되면서 도파민 분비가 증가한다. 이는 마약 등 다른 화학 물질 중독으로 일으키는 반응과 비슷한데, 점점 더 자극에 무감각해지면서 예전과 같은 만족과 기쁨을 느끼기 위해 더 많은 양의 자극이 필요하게 된다. 그래서 더 오랜 시간 인터넷을 사용하게 되고 더 자극적인 내용을 찾게 되는 것이다.

그렇다면 어떻게 치료해야 할까? 인터넷을 갑자기 사용하지 않는 것은 전혀 효과적이지 않다. 인터넷을 주로 사용하는 시간에 다른 활동으로 관심을 돌리는 것으로부터 시작하고, 인터넷 사용을 줄이면 적절하게 보상하여 성취감을 느낄 수 있게 하는 식으로 점차 줄여나가는 것이 좋다. 심한 경우라면 또래나 가족과 함께 전문가로부터 치료받는 것도 좋겠다.

세계에서 가장 빠른 인터넷 속도를 자랑하는 한국. 하지만 그 이면에는 스트레스를 해소할 곳이 인터넷밖에 없는 우리들과 우리 아이들의 아픈 모습도 발견된다.

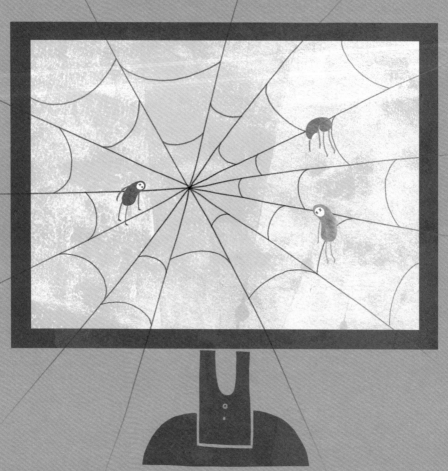

사진이 당신의 기억을 좀먹는다
_ 사진 촬영이 기억에 미치는 영향

B는 여자 친구와의 데이트가 인내의 연속이다. 식당에서 음식이 나오면 여자 친구가 여러 각도로 사진을 다 찍기 전까지 음식을 그저 바라만 보고 있어야 한다. 함께 사진이라도 찍으려면 여자 친구 맘에 들 때까지 수십 번이고 수백 번이고 다시 찍어야 한다. 지난 주말에 찾았던 야외 전시회에서도 전시물마다 사진을 찍느라 정작 뭘 보고 왔는지 기억도 나지 않는다.

한 잠만~

한 잠만 더~

진짜 마지막!

∙∙∙

스스로 자신의 모습을 찍는 것을 말하는 셀프카메라, 줄여서 셀카. 스스로 찍은 사진을 뜻하는 셀피Selfie. 혼자서도 쉽게 사진을 찍을 수 있게 되면서 예전에는 없던 단어들이 생긴 것이다. 연인과의 데이트, 가족과의 여행, 책 읽는 시간까지 인생의 중요한 순간들을 눈앞에 둔 우리는 그 모습을 카메라로 담기 위해 혈안이다. 그렇게 찍은 수많은 사진은 곧바로 다양한 SNS에 올려진다. 번거롭게 사진을 인화하지 않아도 손쉽게 순간순간을 온라인 공간에 보관할 수 있으니 나쁘지 않다.

하지만 다양한 연구 결과에 의하면 이러한 행동이 소중한 기억을 간직해주기보다 더 빨리 잊게 할 수 있다고 한다. 아이의 모습을 열심히 찍고 있는 부모들을 어딜 가나 쉽게 볼 수 있는데, 사진이 제대로 찍히고 있는지 신경 쓰느라 정작 그들의 기억 속에 아이들의 모습이 제대로 남지 않을 수 있다는 말이다. 아이들의 기억에도 부모가 제대로 남아있지 않기는 마찬가지다. 부모가 그 순간을 자신과 함께하지 않고 멀찌감치 떨어져서 사진만을 찍어대기 때문이다.

이런 현상은 왜 일어나는 것일까? 우리가 어떤 정보를 잘 기억하기 위해서는 충분한 정보처리 과정이 필요하다. 그래서 중요한 내용은 여러 번 필기하고 노래로 외우거나 첫 글자를 따서 외우는 등 다양한 연상법을 이용하는 것이다. 그런데 그렇게 소중한 순간을 직접 경험하는 대신 카메라를 통해 간접 경험하게 되면서, 충분한 정보처리를 방해한다.

아버지가 사진작가였던 심리학자 린다 헨켈Linda Henkel은 사진과 관련한 실험을 계획했다.[2] 대학생들에게 박물관을 견학하게 했는데 학생들에게 내려진 임무는 15개의 작품은 순수하게 감상만 하고, 나머지 15개의 작품은 사진으로 찍어오라는 것이었다. 견학 다음 날, 학생들에게 박물관의 작품들에 관해 물었다. 그 결과 사진 촬영 없이 순수하게 감상한 작품의 경우에는 작품에 대해 비교적 많은 사실을 기억하고 있었지만, 사진을 촬영했던 작품은 기억하는 것이 많지 않았으며 심지어 관람한 사실 자체를 기억하지 못하는 경우도 종종 있었다고 한다.

소중한 순간을 카메라 메모리에만 담지 말고,
그 순간에 온전히 집중하여
나의 머리와 가슴속에 담아두는 건 어떨까?

스마트폰 없이 못 사는 당신!_노모포비아

대학생 H는 자신이 스마트폰 중독이라는 사실을 믿어 의심치 않는다. 아침에 눈을 뜨자마자 스마트폰으로 뉴스를 보고 친구들을 만나도 스마트폰을 손에서 놓지 않는다. 배터리는 항상 부족해서 보조 배터리와 충전기를 휴대하고 다닐 정도이고, 카페를 가도 콘센트가 있는 자리를 선호한다.

●●●

스마트폰이 처음 나왔을 때, 사람들의 반응은 충격에 가까웠다. 화면 터치 하나로 모든 것이 가능하고, 애플리케이션을 이용하면 한 통에 30원씩 하던 문자 메시지도 공짜로 쓸 수 있었기 때문이다. 어색하던 것도 잠시, 우리는 그런 스마트폰에 빠르게 적응해나갔다. 아침에 눈을 뜨자마자 제일 먼저 보는 것, 잠자기 전 마지막까지 붙잡고 있는 것이 바로 스마트폰이다. 당신은 스마트폰 없는 하루를 상상할 수 있는가?

나 죽으면
핸드폰도 같이 묻어줘...

최근 들어 스마트폰 사용이 우리에게 미치는 영향에 대한 연구가 활발하다. 그중에서 러셀 클레이튼Russell Clayton의 연구 결과가 다양한 미디어에서 다음과 같이 헤드라인을 장식하기도 했다.[3]

"아이폰 분리 불안은 실제로 존재한다."

iPhone Separation Anxiety is real

"아이폰 분리 불안이 인지 능력을 저하시킨다."

iPhone Separation Anxiety Hinders Cognitive Abilities

스마트폰과 떨어져 있을 때 사람들이 '분리 불안'을 느끼게 되는데, 그것이 인지 능력을 비롯한 여러 방면으로 해롭다는 내용이었고, 많은 연구가 이와 비슷한 결과를 보여주고 있다.

이제 클레이톤의 연구를 자세히 살펴보자. 클레이톤은 학생들을 대상으로 한 실험에서 혈압 측정기를 착용한 상태로 단어 찾기 퍼즐을 풀게 했다.[4] 학생들에게는 새로 개발한 혈압 측정기의 신뢰성을 평가하는 실험이라고 속였다. 두 가지의 상황이 있었는데 한 상황에서는 퍼즐을 푸는 동안 핸드폰을 진동으로 해둔 채 학생들 앞에 두었다. 다른 상황에서는 혈압 측정에 방해된다는 명목으로 핸드폰을 실험실 건너편에 놔두고 실험에 참가하도록 했다. 학생들이 퍼즐을 절반 정도 풀었을 때 그들에게 전화를 걸어 정확히 벨이 6번 울린 뒤 전화를 끊었다.

실험이 진행되는 동안 참가자들의 심장박동 수와 혈압을 측정했는데, 핸드폰을 실험실 건너편에 두었던 학생들의 심장박동과 혈압이 벨이 울리자 급격히 증가했고 단어 찾기 퍼즐을 수행하는 능력은 현저하게 떨어졌다고 한다. 누가 전화를 걸어왔는지 모르는 상황에서 불안감이 증가한 것이다. 앞에 핸드폰을 두고 있었던 학생들과는 뚜렷한 차이를 보였다.

앤드루 프르지빌스키Andrew K. Przybylski가 진행한 실험에서는 한 번도 만난 적이 없는 대학생들을 둘씩 짝지어 10분 동안 대화하게 했다.[5] 절반은 연구진에서 미리 준비한 핸드폰을 옆에 두고 대화했고, 나머지 절반은

접근 불가!

C.P. 필드 전개!

핸드폰 대신 그 자리에 노트를 두고 대화하게 했다. 10분간의 대화가 끝난 후 대화 상대에 대해 평가하게 했는데, 핸드폰을 두고 대화한 그룹은 다른 그룹보다 친밀감과 신뢰감 측면에서 대화 상대를 낮게 평가했다고 한다. 핸드폰은 참가자들의 것도 아니었고 10분 동안 울리지도 않았는데 말이다.

핸드폰의 영향력은 대화 주제가 무거울 때 더 커졌다고 한다. 핸드폰이 옆에 있으면 "난 언제든지 당신과의 이야기를 멈출 준비가 되어있다."라는 식의 메시지를 전달하는 것과 비슷하다고 한다. 중요한 미팅을 앞두고 있는가? 그렇다면 핸드폰을 눈앞에서 잠시만 치워두자.

빌 쏜튼Bill Thornton도 프르지빌스키의 실험과 같은 환경에서 다양한 난이도의 인지 과제를 수행하게 했는데, 그 결과 핸드폰이 옆에 있었던 학생들의 과제 수행력이 더 저조하였다.[6]

총 163명의 대학생이 참가한 낸시 치버Nancy A. Cheever의 실험에서는 절반의 학생들에게는 핸드폰을 끄고 가방에 넣어 멀리 치워달라고 부탁했고, 나머지 학생들의 핸드폰은 실험 진행자가 직접 거둬갔다.[7] 한 시간이 조금 넘는 시간 동안 학생들에게 아무것도 하지 말고 기다리라고 한 뒤 20

분 간격으로 총 세 번의 '불안 검사'를 했다. 두 그룹 간에는 불안 점수에 큰 차이가 없었지만, 평소에 얼마나 핸드폰을 자주 사용하느냐에 따라서 점수 차이가 났다.

핸드폰을 평소 많이 사용하지 않는 학생들은 한 시간 동안 불안 점수의 변동이 없었고, 적당하게 사용하는 학생들은 실험 초반에 불안 점수가 높아지다가 이내 잦아드는 모습을 보였다. 하지만 핸드폰을 평소에 많이 사용하는 학생들은 한 시간 내내 불안 점수가 꾸준히 높아지는 모습을 보였다고 한다.

핸드폰이 우리 삶에 미치는 영향을 조사한 다양한 실험들에서 우리는 공통적인 결과를 얻을 수 있다. 스마트폰이 우리를 불안하게 하거나 대인관계와 과제 수행능력을 저하시킬 수 있다는 것이다.

노모포비아Nomophobia라는 단어는 'No + Mobile + Phobia'의 합성어로 핸드폰이 없거나 사용하지 못하게 될 경우 초조함이나 불안감을 느끼는 증상을 뜻한다. 포모FOMO: Fear Of Missing Out 혹은 포보FOBO: Fear Of Being Offline라고도 불린다.

핸드폰이 손에 없으면 불안한가? 핸드폰 때문에 해야 할 일을 제때 못 끝낸 적이 있는가? 그렇다면 당신도 노모포비아가 있는 것이다. 아마 많은 사람이 그럴 것이다. 어린아이가 부모에게서 떨어지면 분리 불안을 느끼는 것처럼 우리 현대인들은 핸드폰이 없으면 불안을 느끼고 있다.

가끔은 눈앞에서 스마트폰을 치워두고,
내 앞에 놓인 일과 내 앞에 있는 사람에게
집중해야 하지 않을까?

SNS는 일기장? _ SNS 사용행태와 호감도의 관계

P는 SNS에 신변잡기를 쓰는 것을 좋아한다. 예전에는 일기장에 끄적거렸지만, SNS가 나오면서부터 그때그때 일어난 일이나 들었던 생각을 어디서나 올릴 수 있어 애용하는 편이다. 그런데 최근에 친한 친구로부터 너무 개인적인 이야기를 SNS에 시시콜콜 올리는 모습이 보기 좋지 않다는 핀잔을 들었다. 꼭 남에게 보여주려던 것은 아닌데 이제는 비공개로 글을 올려야 할까, 생각에 잠긴다.

•••

SNS 계정이 하나도 없는 사람을 찾기 힘든 요즘. 그만큼 SNS가 우리 사회에서 차지하는 비중이 엄청나다. 메시지 중심의 전통적인 SNS부터 사진을 중심으로 소통하는 SNS, 동영상으로 특화된 SNS까지 종류도 다양해졌다. 서비스마다 조금씩 차이는 있지만, SNS는 대체로 세 가지 기능을 제공한다. 첫째, 다른 이용자들과 관계를 맺고, 유지 관리하는 네트워크 기능. 둘째, 이용자들 사이에서 메시지를 주고받는 커뮤니케이션 기능. 셋째, 사진이나 동영상 등을 공유하며 이를 기반으로 대화하는 미디어 공유 기능이 그것이다. 이렇듯 다양한 사람들과 다양한 미디어를 공유할 수 있어서 장점도 분명 존재하지만, 문제점도 곳곳에서 발견된다. 그중에서도 너무 많은 내용을 공유하는 행동이 눈살을 찌푸리게 하는데 과도한 공유와 적절한 공유를 어떻게 구별할 수 있을까?

정서를 말이나 글, 즉 언어로 바꾸는 것을 자기 노출Self-Disclosure 혹은 정서적 자기 노출Emotional Self-Disclosure이라 하는데, 이 분야의 연구를 살펴보면 SNS에 올려도 좋은 글과 그렇지 않은 글을 구별하는 데 조금이나마 힌트가 되지 않을까 한다.

① 오늘 아침에 무엇을 먹었는지까지는 관심 없다!

스티븐 래인스Stephen Rains는 자기 노출이 우정에 미치는 영향에 대해서 연구했다.[8] 실

험에 참가한 사람들은 친구 중 한 명을 선택해서 그 친구에게 온 전화, 문자메시지, SNS 업데이트 등 모든 커뮤니케이션을 기록했다. 그리고 그 기록들이 얼마나 개인적이고 사소한 일인지 평가하면서, 그 친구와의 우정을 어느 정도로 생각하는지도 함께 평가했다.

실험 결과는 평소에 그 친구와 얼마나 자주 연락하느냐에 따라 조금 다르게 나타났다. 평소에 연락을 자주 하지 않는 친구라면 사소한 정보를 공유한다고 해도 호감도나 우정에 크게 영향을 미치지 않았지만, 평소에 자주 연락하는 친구가 사소한 정보를 많이 공유하면 할수록 호감도가 하락했다고 한다.

오늘 아침에 무엇을 먹었는지, 옷을 얼마 할인해서 샀다든지…, 그렇게 사소한 것들은 친한 친구에게 때로는 감정의 부담이 될 수도 있다는 말이다.

② 징징거리지 마!

또 다른 연구에 따르면 사람들은 부정적인 내용을 계속해서 공유하는 사람을 좋아하지 않는다고 한다.[9] 대학생 177명의 페이스북 계정에서 최근 10개의 글을 수집하여 제삼자에게 그 글을 쓴 대학생들에 대해 평가하게 했는데, 부정적인 글이 많을수록 호감도가 하락했다.

③ 연인 관계는 보여줘도 OK! 단, 자랑만 하지 말 것!

한 연구에서는 연인이 있는 사람의 경우에 SNS 프로필 사진을 독사진으로 해놓는 것보다 커플 사진으로 해놓을 때 호감도가 상승했다고 한다.[10] 하지만 여기서도 어느 정도인지가 중요한데 연인 관계를 너무 자랑한다거나 남들이 보기에 지나칠 정도의 애정 표현 등을 과도하게 공유한 경우 다른 사람들의 눈살을 찌푸리게 할 수 있다.

④ 자기만 생각하는 모습은 보기 싫어!

자기 자신에 대해서 더 잘 드러내고 감정 표현을 잘하는 사람들이 그렇지 않은 사람들보다 SNS를 더 자주 이용한다.[11] 이런 사람들은 다른 사람들로부터 관심이나 지지받기를 원하면서도 상대방에 대한 관심이나 배려를 보이는 경향은 덜하다. 하지만 계속 이렇게 다른 사람들에게는 별 관심이 없는 모습을 보인다면, 다른 사람들도 결국엔 등을 돌릴지도 모른다.

조심해야지...

당신이 SNS를 이용하는 이유가 다른 사람들과 연결되고 싶
고 공감을 얻고 싶은 것이라면 당신 또한 그들의 이야기에
관심을 가져야 하지 않을까? 다른 사람들이 보기에 불쾌하
거나 지나치게 사소한 내용을 공유하지는 않았는지 생각해
봐야 하지 않을까?

보여주고 싶은 모습에 혹하지 마라!
_페이스북 우울증

대학생 T는 페이스북 친구가 천 명이 넘는다. 그중에 실제로 아는 친구는 100명 남짓. 친구가 많아 보이고 싶은 마음에, 모르는 사람이 친구 신청을 해도 모두 받아주고 모르는 사람에게 친구 신청도 했기 때문이다. 많은 시간을 페이스북을 하며 시시각각 올라오는 행복해 보이는 사진과 글을 보다 보면, 친구 만날 일도 별로 없고 즐겁지 않은 자신의 인생이 한심해진다.

· · ·

다른 사람의 페이스북을 보고 자신의 처지만 구질구질하게 느껴진 적 있는가? 친구의 인생은 저리도 완벽하게 잘 흘러가는데 나는 왜 이렇게 매일 힘들고 나쁜 일만 일어나는지 불평해본 적은 없는가? 만약 이런 기분을 느낀다면 걱정하지 말자. 그런 사람이 당신 혼자만은 아니기 때문이다.

연구에 따르면 페이스북 이용자 중 33% 이상이 페이스북을 하는 동안 불행감을 느껴보았다고 한다.[12] 페이스북에 있는 (실제로는 알지 못하는) 친구를 부러워하는 것이 가장 큰 이유였다. 페이스북을 단순히 보기만 하는 사람일수록, 더 오랜 시간 사용할수록, 현실에서는 알지 못하는 친구들이 많을수록 부정적인 감정을 느낄 확률이 더 크다고 한다.

남의 떡이 더 커 보이듯 남의 행복이 더 커 보이는 이 모습을 페이스북 부러움Facebook Envy 혹은 페이스북 우울증Facebook Depression이라고 부른다. 자신과 타인의 상황을 끊임없이 비교하다가 자존감이 낮아지고 우울증과 비슷한 감정을 일으키게 되는 것이 핵심이다.

한 온라인 설문 조사에서 736명의 대학생을 대상으로 페이스북 사용과 우울증의 상관관계를 파악했다.[13] 페이스북 사용 행태, 부러움 정도, 우울증 정도를 판단할 수 있는 질문을 했는데, 페이스북 그 자체는 우울증을 일으키는 데 그다지 중요한 역할을 하지 않았다. 어떤 면에서는 우울증에 도움이 되기도 했다. 하지만 페이스북을 더 많은 시간 이용할수록 (응답자들의 하루 평균 이용 시간은 2시간이었다.) 페이스북 우울증을 겪을 수 있는 확률은 높아졌다. 특히, 친구 등 타인이 무엇을 하고 어떤 사람들을 만나는지를 궁금해한 나머지 페이스북으로 다른 사람들의 일거수일투족을 감시하는 이용자들일수록 타인에 대한 부러움을 느낄 확률이 높아지고 급기야는 우울증으로 발전될 가능성이 커진 것이다.

페이스북 우울증을 줄이기 위해 우리는 무엇을 할 수 있을까?[14] 먼저 다른 사람들의 겉으로 드러나는 모습과 자신의 상황을 비교하지 않는 것이 중요하다. 사람들은 다른 사람에게 보여주고 싶은 모습만 공유하기 마련이다. 그런 모습들만 보고 자신의 개인적인 모습과 비교하는 일은 현명하지 못하다. 기분이 나쁘거나 우울할 때는 SNS를 아예 이용하지 않는 것도 좋은 방법이다. 그럴 때 잠시 핸드폰이나 컴퓨터를 꺼두고 책을 읽거나 다른 활동적인 일을 하는 것이 좋다. 페이스북을 이용하는 것에 뚜렷한 목적을 만드는 방법도 추천한다. 아무 목적 없이 다른 사람들의 사진과 글을 보며 시간을 보내기보다는 연락할 친구가 있을 때나 공유할 정보가 있을 때만 접속을 하는 등의 목적을 만들어서 쓰는 것이다. '하루에 2번, 한 번에 10분'과 같이 SNS 서비스를 이용하는 시간을 정해두는 방법도 있다.

페이스북 속 당신의 모습도 누군가에게는 행복하
게 보일 수 있다. 페이스북에 올려진 다른 사람들
의 행복한 모습만 보고 그의 인생을 판단할 필요
도, 우리의 인생과 비교할 필요도 없지 않을까?

조금 더 새롭게, 조금 더 높게
_선정적 미디어의 영향

아이와 함께 드라마를 시청하던 N은 갑자기 나온 낯 뜨거운 장면에 당황한 나머지 화장실에 가는 척하며 자리를 떴다. 채널을 돌리기도 민망하고 다른 말을 꺼내기도 어색했기 때문이다. 저녁 8시에 하는 드라마 장면치고 수위가 너무 높다고 생각했는데, 아이들은 이런 내용에 많이 노출되었던 건지 아무렇지 않게 보고 있다.

· · ·

한 조사에서 1983년부터 2003년까지 개봉된 영화에 포함된 선정적인 내용을 살펴보았다.[15] 약 70%에서 처음 만난 사람과의 애정 행위가 포함되어있었고, 거의 대부분의 영화에서 피임 등의 방법은 아예 나타나지도 않는 등 선정적인 내용의 빈도나 수위는 점점 더 높아지고 있다. 현실에 비해 지나치게 과장된 이런 내용이 아직 정체성이 확립되지 않은 아이들에게 끼칠 위험성에 대해 우려하는 목소리가 커지고 있다.

과연 이런 영화들이 청소년들에게 미치는 영향은 어느 정도일까? 선정적인 영화를 많이 보는 아이들일수록 위험한 성행위에 노출될 가능성이 큰 것일까?

2012년 오하라O'Hara, R. E. 연구팀이 발표한 연구에서는 1,228명의 청소년을 대상으로 6년 동안 추적 조사를 실시했다.[16] 실험 초기, 12살에서 14살의 청소년들에게 영화 목록을 제시하여 시청한 영화를 표시하는 방식으로 학생들이 선정적인 영화에 얼마나 많이 노출되었는지 평가했다.

6년이 지난 후, 18살에서 20살이 된 참가자들에게 그들이 처음으로 성관계를 맺은 나이, 성관계를 맺은 상대의 수, 피임 없이 성관계한 횟수 등에 대해서 기록하도록 했다.

실험 결과, 어린 나이에 선정적인 영화를 많이 시청한 경우에 성관계 횟수가 더 많았고 피임 없이 성관계할 확률이 높았다고 한다. 선정적인 영화

시청이 곧바로 무분별한 성관계로 연결된 다고 결론지을 수는 없었지만, 분명한 사실 은 선정적인 미디어에 많이 노출된 아이들 이 좀 더 새롭고 더 높은 수준의 자극을 원 하는 감각 추구 성향Sensation Seeking이 높 다는 것이다. 이것은 청소년기에 정점에 이 르는 성향인데, 이 성향이 강할수록 자극적 인 성행위나 마약, 스카이다이빙 같은 자극

적인 행동을 할 수 있다고 한다. 이런 자극적인 행동을 하면 할수록 점점 더 자극에 넘어가기 쉬워지고, 같은 만족을 위해 더 높은 자극을 원하는 악 순환이 거듭되는 것이다.

위와 같은 연구 결과에도 불구하고 선정적인 미디어와 선정적인 성행 위 간의 직접적인 상관관계는 약한 편이었다고 한다. 선정적인 미디어 이 외에도 가정의 교육, 경제 상황, 아이의 타고난 기질 등 여러 요소가 복합 적으로 영향을 미치기 때문이다. 따라서 무조건 미디어를 비판할 수는 없 지만, 자극에 약한 사람들에게 선정적인 미디어가 노출되면 자극적인 행 동으로 연결될 가능성이 높다는 것만은 부정할 수 없을 것이다.

감각 추구 성향은 상당히 위험하다. 성적인 행동뿐만 아니라 살면서 전반적인 행동으로 나타날 수 있기 때문이다. 미디어에서 보여주는 모습들은 대부분 현실에서는 무척 위험하고 과장된 모습이라는 사실을 잊어서는 안 된다.

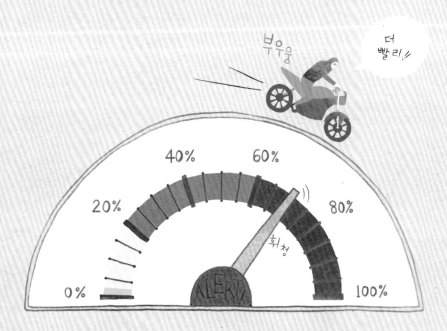

집착이 지나치면 병이 된다 _ 유명인 숭배증

너 학원 빼먹고
뭐했어!?

벌컥

주부 U는 아이돌에 빠진 중학생 딸 때문에 골치가 아프다. 온종일 좋아하는 연예인이 나오는 TV 프로그램을 보는 것으로도 모자라서 이미 본 프로그램을 인터넷과 케이블방송으로 보고 또 본다. 용돈은 주는 대로 아이돌의 음반과 사진, 기념품을 사는 데 다 써버리고 주말이면 방송국으로 출퇴근한다. 머리도, 옷도 여자 아이돌을 따라 하고 벌써 화장까지 하고 다니는 딸을 어떻게 해야 할지 고민이다.

유명인 숭배증Celebrity Worship Syndrome에
대해 들어본 적이 있는가? 단어에서 짐작할 수
있듯이 유명인 숭배증은 유명인의 행동이나 사
소한 것 하나하나에까지 지나치게 관심을 보이
고 과도하게 집착하는 등의 강박 중독 장애로
볼 수 있다. 영국인의 36%정도가 약한 정도부
터 심한 정도까지의 유명인 숭배증을 보인다고
하니 결코 희박한 증상은 아니다.[17] 대중에게
노출된 어떤 인물이든지 그 대상이 될 수 있는데, 주로 TV나 영화에서 많
이 접할 수 있는 배우나 가수들이 많다.

존 맬트비John Maltby의 연구팀은 유명인에 대한 태도 척도Celebrity Attitudes Scale를 이용해 유명인 숭배증의 정도를 세 단계로 분류했다.[18] 첫
번째 단계인 'Entertainment-Social'은 단순히 일상생활의 즐거움을 얻
거나 다른 사람들과의 대화에서 무난한 이야깃거리를 찾기 위해 유명인
들에게 관심을 가지는 수준이다. 두 번째 단계인 'Intense-Personal'은
유명인에게 과도하게 집착하는 모습이 보인다. 심해지면 마지막 단계인
'Borderline-Pathological' 단계에 접어드는데, 유명인에 대해 환상을 가
진 나머지 스토킹처럼 자신도 통제하지 못하는 행동을 하게 된다.

다음의 항목들은 유명인 숭배증의 정도를 진단해볼 수 있는 특징이니, 한 번 테스트해보기 바란다.

① Entertainment-Social (약한 정도)

- 좋아하는 유명인이 한 일에 관해 이야기하는 것을 좋아한다.

- 좋아하는 유명인을 보는 것이 즐겁다.

- 좋아하는 유명인의 삶에 대해 알아가는 것이 재미있다.

② Intense-Personal (중간 정도)

- 좋아하는 유명인을 자신의 소울메이트로 여긴다.

- 좋아하는 유명인과 특별한 유대감을 느낀다.

- 자신이 원하지 않을 때도 좋아하는 유명인이 생각난다.

③ Borderline-Pathological (심한 정도)

- 돈이 많으면 좋아하는 유명인이 사용한 물건을 사고 싶다.

- 좋아하는 유명인이 불법적인 일을 요구해도 할 수 있다.

- 좋아하는 유명인이 결혼한다면 매우 슬플 것이다.

존 맬트비의 또 다른 연구에 따르면 유명인에게 과도하게 집착하는 사람들은 정신적으로 건강하지 않다고 한다.[19] 불안감, 우울감, 스트레스가 높고, 질병을 앓을 확률도 높았다. 특히 청소년들의 경우 유명인에 대한 숭배가 신체에 대한 생각을 왜곡할 수 있어 더욱 더 위험한 것으로 밝혀졌다. 미디어에 노출된 배우나 가수들의 날씬하고 완벽한 몸매와 현실 속 자신의 몸매를 계속 비교하면서 부정적인 생각을 키울 수 있기 때문이다. 이는 우울증이나 섭식 장애로 쉽게 연결되기도 한다. 또한, 유명인 숭배가 심하면 종교에 푹 빠진 모습과도 같다. 좋아하는 유명인이 하는 것은 무엇이든지 자신도 하려고 하고, 라이벌 관계의 다른 유명인들을 깎아내리기도 하며, 일상생활을 제쳐놓고 유명인을 따라다니다가 인간관계를 망칠 수도 있다.

이런 현상은 왜 나타나는 것일까? 한 연구에 따르면 핵가족화와 개인화로 접촉할 수 있는 인간관계의 범위가 좁아지면서 롤모델이나 관심의 대상이 미디어에서 쉽게 접할 수 있는 유명인으로 옮겨갔을 수 있다고 한다. 하지만 이 분야는 아직 연구 초기 단계라 정확한 원인을 규정지을 수는 없다.

좋아하는 연예인의 집에 CCTV를 설치하는가 하면 스토킹을 하며 해를 끼치는 사람들의 이야기가 종종 들린다. 어떻게 해도 정당화될 수 없고, 자기 인생마저 망칠 수 있는 이런 행동들을 과연 사랑이라고 부를 수 있을까?

제3장

나는 소비한다, 고로 존재한다

소비심리학

공짜로 처방전을 써주는 의사의 충고는 듣지 마라.
- 탈무드

색이 우리에게 미치는 영향 _ 색채 심리학

대학생 O는 물건을 살 때 실용성보다 외관의 아름다움을 중시한다. 사람들은 가격과 실용성을 꼼꼼히 보라고 하지만 핑크색을 좋아하는 O는 같은 제품이라도 가능한 핑크색을 고른다. 방에 있는 여러 가지 물건이 핑크색으로 조화를 이루는 모습이 만족스럽긴 하지만, 그다지 합리적인 소비가 아니라는 생각이 들기도 한다.

다 똑같은 핑크가 아니라구!

코랄 핑크, 핫 핑크,
로즈 핑크, 인디안 핑크...

●●●

한 연구에 따르면 물건을 구매할 때 색이 약 90% 정도까지 영향을 미칠 수 있다고 한다.[1] 실제로 소비자들이 어떤 제품에 대한 이미지를 형성하기까지 약 90초의 시간밖에 걸리지 않는데, 이 짧은 시간 동안 제품의 외관, 그중에서도 색이 미치는 영향이 상당한 것이다. 이외에도 색의 영향에 대한 연구는 많지만, 개인마다 선호하는 색이 다 다르고 문화적인 차이 또한 존재하기 때문에 "A라는 색은 이렇고 B라는 색은 이렇다."라는 식의 결론을 내리는 일이 쉽지는 않다. 그럼에도 불구하고 마케팅 분야 등 특정 분야에서는 기업이나 브랜드 이미지 각인을 위해 색이 가지는 특징을 상당히 일반화시켜서 보고 있다.

기업이나 브랜드에 대한 신뢰감을 높여주는 색은 어떤 색일까? 일반적으로 파란색 계열이 그렇다고 한다. 은행 등 금융기관이 로고나 광고 등에 파란색을 많이 사용하고 페이스북 또한 파란색으로 대표된다. 파란색이 이렇게 신뢰감을 주는 색이라면 빨간색은 활기를 주는 색, 노란색은 긍정적인 기운과 젊음의 기운을, 보라색은 부드럽고 차분한 느낌을, 검은색은 고급스러운 이미지를 주는 색이라고 할 수 있다.[2]

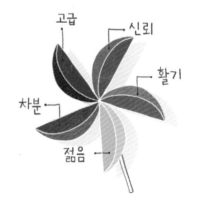

색과 관련하여 한 가지 흥미로운 사실은 미국 선거에서 당의 색채를 초록색으로 내걸고 선거 운동을 했던 후보 중에 당선된 후보가 한 명도 없었다는 사실이다. 초록색과 신뢰감 사이에는 과연 무슨 관계가 있었던 것일까 궁금하다.

색을 선택할 때는 단순히 제품의 색뿐만 아니라 그 배경의 색도 고려해야 한다. 마케팅이나 광고에서 특히 색의 대비가 중요하다. 한 예로 소프트웨어를 내려받을 수 있는 웹사이트에서 'Download For Free'라는 문구를 다양한 색으로 나타내본 결과, 빨간색일 때 내려받는 횟수가 높았다.[3] 또 배경색이나 주변의 다른 글자의 색이 빨간색과 대조를 이룰수록 내려받는 횟수가 더 높아졌는데, 가장 효과가 좋았던 것은 주위의 글씨를 검은색으로 작게 써놓고 'Download For Free' 문구는 빨간색으로 크게 써놓았을 때였다. 이처럼 배경과 대비하여 눈에 확 띌 때 더욱 주목될 수 있는 현상을 고립 효과Isolation Effect라고 한다.

색을 인지할 때 색을 어떻게 부르느냐도 큰 역할을 한다. 한 실험에서 같은 색이라도 소위 '좀 더 있어 보이게' 부르면 어떤 효과가 나는지 살펴보았다.[4] 똑같은 색의 화장품을 '갈색'으로 부르는 경우와 '모카'로 부르는 경우를 비교했는데, '모카'라고 불렀을 때 훨씬 선호하는 모습을 보였다. 즉, 좀 더 세련되게 느껴지는 이름을 선호했고 이러한 현상은 단순 선호도를 넘어 실질적인 구매로도 연결되었다.

한 연구에서는 색과 수행 능력 간의 상관관계를 조사했다.[5] 71명의 대학생에게 시험을 치기 전에 빨간색, 초록색, 검은색의 번호표를 나눠줬다. 보통 시험지를 채점할 때 자극적인 빨간 펜을 사용하는데, 시험 전에 빨간색에 노출된 학생들의 경우 그렇지 않은 학생들보다 평균 20% 정도의 점수 하락이 있었다고 한다.

색은 다른 어떤 것보다 개인 차이가 크게 작용하기 때문에 성급히 일반화시킬 수도 없고 더 많은 연구가 이루어져야 하지만, 직접적인 소비뿐만 아니라 시험 성적 등 우리 생활에 전반적인 영향을 미치는 신기한 세계임은 분명하다.

색은 다이어트에도 영향을 미칠 수 있다. 하얀 식판에 음식
을 먹을 때보다 파란 식판에 먹을 때 더 적은 양의 음식을 먹
게 된다는데, 파란색을 보면 독이 떠올라서 그런 걸까?

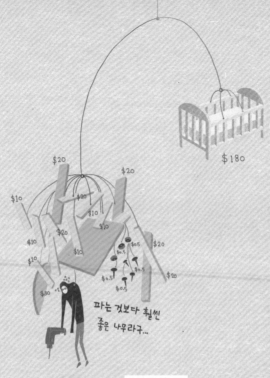

$20
$20
$10
$20
$10
$10
$20
$10
$10
$20
$10
$0.5
$0.5
$0.5
$0.5
$0.5
$20
$20
$30
$180

파는 것보다 훨씬
좋은 나무라구...

소비심리학 02

Do It Yourself!?_이케아 효과

얼마 전 예쁜 아기가 태어난 주부 D는 남편의 취미 생활이 탐탁스럽지 않
다. 썩 좋은 실력도 아니면서, 무엇이든 자기 손으로 만들려고 하기 때문이
다. 아기에게 필요한 침대, 장난감 등을 사려고 알아보고 있으면 자기가 직
접 만들겠다며 D를 설득하는데, 때로는 그냥 사는 게 낫겠다 싶을 정도로
고생은 고생대로 더 하고, 돈은 돈대로 더 든다.

외국에서 처음 베이킹믹스(케이크나 쿠키 등
을 쉽게 만들도록 모든 재료를 혼합해놓은 밀가루)
가 출시되었을 때 많은 주부들이 거부 반응을
보였다. 베이킹이 너무 쉬워지면 그동안 직접
만들어왔던 음식의 가치가 저평가될 수 있다
는 이유였다. 이 때문에 믹스 회사들은 버터와
달걀은 따로 준비해서 넣을 수 있도록 오히려
요리 단계를 더했다고 한다. 인형 재료를 파는

a piece of
수고로움

곳에서도 단지 직접 만들어보는 기회를 제공함으로써 추가적인 비용을 받
기도 한다. 최근 우리나라에도 들어온 스웨덴의 세계적인 가구 회사 이케
아의 제품도 직접 조립하여 만드는 'DIY Do-It-Yourself' 방식으로 유명하다.
추가적인 '노동'을 하는 것에 사람들이 비용을 지불하는 것인데 어떤 원리
일까?

본인이 직접 만들거나 조립한 물건은 시중에서 판매되는 제품만큼 정
교하지 못하고 어딘가 조금 어색할지 모른다. 하지만 그런 물건이라도 자
신의 눈에는 세상 어디에도 없는 작품으로 보이곤 하는데, 다름 아닌 직접
만든 물건이기 때문이다. 이처럼 자신이 직접 만든 것에 더 높은 가치를 부
여하는 것을 가구 회사의 이름을 따 이케아 효과 IKEA Effect라고 부른다.

직접 이케아의 가구를 사용하여 진행한 실험이 있다.[6] 첫 번째 실험에는 총 52명의 대학생이 참여했는데 한 그룹은 이케아에서 판매하는 수납 상자를 직접 조립했고 다른 그룹은 완제품을 받아 단순히 상자를 여기저기 살펴보았다. 그 후, 수납 상자를 경매에 올리면 금액을 얼마까지 적어낼 수 있는지 물어보고, 상자가 얼마만큼 마음에 드는지 1점에서 7점까지 점수를 매기게 했다.

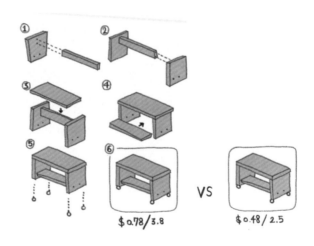

실험 결과, 직접 상자를 조립한 학생들은 평균 0.78달러의 금액을 적어낸 반면, 상자를 단순히 살펴보기만 한 학생들은 평균 0.48달러의 금액을 적어냈다. 또한, 상자의 선호도에 대해서도 직접 조립한 학생들은 평균

3.81점을 줬고, 그렇지 않은 학생들은 평균 2.50점을 주었다. 이케아 효과를 이케아의 가구를 직접 사용하여 증명한 것인데, 선호도뿐만 아니라 금전적인 가치도 높게 평가하여 주목할 만하다.

두 번째 실험에는 총 118명의 학생이 참여했다. 학생들은 둘씩 짝을 지어 각자 헬리콥터, 새, 개, 오리 모양의 레고 중 하나를 조립한 후, 자신이 조립한 레고와 상대방이 조립한 레고에 대해 각각 경매 입찰 금액을 적었다. 앞선 실험에서와 마찬가지로 학생들은 자신이 조립한 레고(0.54달러〉0.33달러)에 더 높은 가격을 썼다. 실험 참가자들은 개와 오리 모양의 단순한 조립보다는 헬리콥터와 새 모양의 복잡하고 정교한 조립을 더 선호했고, 복잡한 것을 조립했을 때 더 높은 가격을 책정하는 경향을 보였다.

마지막 실험에 참여한 39명의 학생은 다시 한 번 이케아의 수납 상자를 조립했는데, 그중 절반의 학생들은 완성하기 전 마지막 두 단계를 남겨두고 조립을 멈추게 했다. 이 경우에도 경매 입찰 금액에 차이가 있었다. 조립을 멈추게 된 학생들은 평균 0.59달러의 금액을 지불할 의사가 있다고 했고, 완성할 수 있었던 학생들은 평균 1.46달러의 금액을 적어서 낸 것이다.

자신이 만든 것, 그리고 미완성보다는 완성된 것에 높은 가치를 매기는 것. 어떻게 보면 참 당연한 결과일 수 있다. 한 가구 회사가 열풍을 일으키는 것에 이런 심리적인 효과가 암암리에 계산되어 적용된 것은 아닐까? 직접 만들었기에 더 소중한 것, 당신의 그것은 무엇인가?

잠재의식을 공략하라! _ 잠재의식 광고

대학에서 경영학을 전공하고 곧 대학원에 진학할 I는 최근 잠재의식 광고에 대한 글을 읽었다. 사람들이 눈치채지 못하는 짧은 찰나에 제품을 보여주면 잠재의식에 영향을 미쳐 그 제품의 소비가 증가한다는 내용이었다. 그게 정말 사실일까. I는 대학원에서 이 분야를 집중적으로 연구하고 싶어졌다.

•　•　•

1957년, 제임스 비커리James Vicary와 프랜시스 테이어Frances Thayer는 영화가 상영되는 도중에 브랜드 이름이나 이미지를 사람들이 알아차리지 못할 만큼 0.003초 정도로 짧게 노출시키면 해당 제품의 판매가 증가된다고 주장했다. 실험 결과 "Eat Popcorn"과 "Drink Coca-Cola"라는 문구를 노출한 후 팝콘과 코카콜라 판매량이 각각 58%, 18% 증가했다는 것이다. 얼마 지나지 않아 그들이 자신들의 마케팅 회사를 홍보하기 위해 데이터를 과장했다는 사실이 드러나긴 했지만, 이런 잠재의식 광고의 효과를 믿는 사람은 여전히 많고 효과가 전혀 없는 것도 아니다.[7]

아이스티

콜라

팝콘

한 연구에서 소비자들의 음료 선택에 잠재의식 광고가 미치는 영향을 살펴보았다.[8] 먼저, 실험 참가자들의 목마름 정도를 측정하면서 평소에 물과 아이스티 중 무엇을 더 선호하는지도 조사했다. 그리고 간단한 인지 과제를 수행하게 했는데 알파벳 대문자 'B'를 모아 'BBBBBBB'로 여러 차례 보여주면서 'BBBbBBBB'와 같이 소문자 'b'가 섞여 나온 경우가 몇 번인지 세도록 했다. 여기서 중요한 것은 절반의 참가자들에게는 과제 수행 전에 한 아이스티의 브랜드를 아주 짧게 노출시켰고, 나머지 참가자들은 광고 노출 없이 바로 과제를 시작했다는 것이다.

과제가 끝난 후, 실험 참가자들에게 물과 아이스티 중 무엇을 더 마시고 싶은지 질문했는데 과제 수행 전 목마름 정도에 따라 다른 결과가 나왔다. 우선, 목이 전혀 마르지 않았던 참가자들은 아이스티 광고의 효과가 전혀 없이 자신이 평소에 선호했던 음료를 선택했다. 목이 마른 참가자들의 경우에는 조금 다른 모습을 보였다. 원래 아이스티를 선호했던 참가자들은 그대로 아이스티를 선택했지만, 원래 물을 선호하는 사람 중에 아이스티 광고에 노출됐던 사람들은 아이스티를 더 많이 선택하는 경향을 보였다. 잠재의식 광고의 영향이 아주 강력한 것은 아니지만, 우리의 요구와 직접적으로 연관될 때는 무시하지 못할 영향력이 있음이 나타난 것이다.

한 실험에서는 애플과 IBM의 브랜드 로고가 사람들에게 미치는 영향에 어떤 차이점이 있는지 살펴보았다.[9] 실험 참가자들을 두 그룹으로 나누어 컴퓨터 화면에 무작위로 숫자를 보여주면서 동시에 각각 애플 로고와 IBM 로고를 80ms 동안 보여주었다. 앞의 실험과 마찬가지로 사람들이 알아차리지 못하도록 짧게 나눠서 총 48차례에 걸쳐 노출시킨 것이다. 이후 참가자들은 특이한 사용법 테스트Unusual Uses Test라고 불리는 과제를 수행했는데, 일반적인 사물을 보고 그 사물이 사용될 수 있는 특별한 상황을 가능한 한 많이 상상해내는 과제였다.

실험 결과는 놀라웠다. 참가자들 어느 누구도 애플이나 IBM의 로고가 나왔다는 것을 눈치채지 못했는데도 상상력 과제에서의 점수는 상당히 차이가 있었다. 애플 로고에 무의식적으로 노출된 사람들의 경우, 훨씬 창의적인 대답을 많이 내놓은 것이다. "Think Different,"와 같은 카피로 창의적이고 혁신적인 느낌이 강한 애플의 이미지가 사람들로부터 창의적인 모습을 끌어냈다니 놀라운 결과가 아닐 수 없다.

비슷한 사례로 디즈니 로고에 노출된 사람들은 다른 사람들보다 더 정직하게 응답하는 경향을 보였다고 한다. 디즈니의 순수한 동화적 이미지가 사람들의 정직함을 끌어낸 것이다.

또 다른 실험에서는 브랜드의 이미지가 무의식적으로 사람들의 소비에 미치는 영향을 살펴보았다.[10] 한 그룹에는 티파니, 니만 마커스, 노드스트롬 등 고급 브랜드나 백화점 이름을 보여주고, 다른 그룹에는 월마트, 케이마트, 달러 스토어 등 대중적인 상점의 이름을 보여줬다. 그리고 여러 가지 물건들을 두 개씩 짝지어놓고 사람들에게 선택하게 했는데, 고급 브랜드에 노출된 사람들은 한 짝에 6달러인 나이키 양말과 두 짝에 5.25달러인 중저가의 양말 중 나이키 양말을 선택했고, 99달러와 69달러인 전자레인지 중에서도 더 비싼 전자레인지를 선택했다.

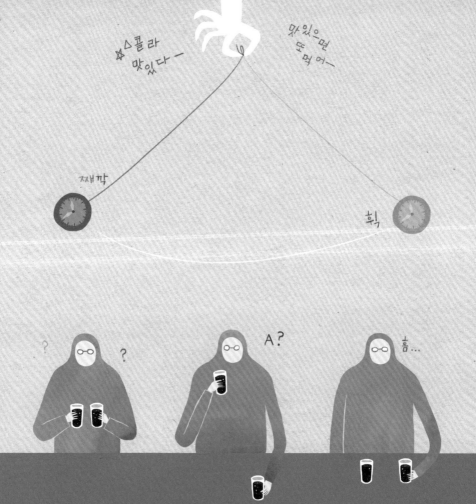

사람들은 콜라의 브랜드를 가리고 시음회를 하면 P 콜라를
더 선호하다가도, 브랜드를 가리지 않으면 C 콜라를 구매한
다. 일반 핸드백보다 열 배 넘게 비싼 브랜드 핸드백은 과연
품질도 열 배가 넘게 좋은 걸까? 한 번쯤 생각해볼 일이다.

소비심리학 04

광고가 우리를 살찌운다 _ 음식 광고의 영향력

미취학 아이 둘을 키우는 주부 J는 간식을 대부분 직접 만들어주고 요리할 때도 지나친 간은 삼가는 등 아이들에게 건강한 음식만을 먹이려고 노력한다. 그런 엄마 마음을 알 리 없는 아이들은 TV에서 햄버거 광고를 보게 될 때마다 사달라고 성화다. 집에서 직접 만들어주기도 해봤지만, 장난감까지 주는 어린이 세트를 사달라고 떼쓰는 아이들 때문에 머리가 아프다.

엄마 나 저거!!

비만은 수많은 질병과 직·간접적으로 연결되며 건강을 좌우한다. 특히나 젊은 층의 비만은 최근 수년간 꾸준히 증가하고 있다. 이런 비만율 증가 추세에 패스트푸드 회사의 지나친 광고가 영향을 미친다고 주장하는 전문가도 있고, 직접적인 연결 고리는 존재하지 않는다며 반박하는 전문가도 있다.

한 연구에서 음식 광고가 사람들의 인지 과정과 식욕에 미치는 영향을 살펴보았다.[11] 첫 번째 실험에 참가한 사람들은 비만 지수를 나타내는 데 주로 쓰이는 신체질량지수BMI, Body Mass Index가 평균인 여성이었다. 절반의 통제 집단은 음식과 관련이 없는 광고를 시청했고, 나머지 실험 집단은 음식에

관한 광고를 시청했다. 광고를 시청하고 난 참가자들은 미완성 단어를 완성하는 과제를 수행했는데 'BRE□□, BAC□□, APP□□'과 같이 모든 단어가 음식으로 완성될 수 있는 단어였다. 단어를 완성하면서 현재 얼마나 음식을 먹고 싶은지 식욕 또한 기록하도록 하였다. 실험 결과, 음식 광고를

시청한 집단의 경우 단어를 음식으로 완성하는 경향이 강했다. 음식 광고가 음식과 관련한 인지 활동을 증가시킨 것이다. 식욕과 관련해서는 실험 집단과 통제 집단에서 큰 차이가 없었다.

두 번째 실험에서는 BMI가 비교적 높은 사람들이 실험에 참가했는데, 이 경우에도 마찬가지로 음식 광고를 본 실험 집단이 음식 관련한 단어로 빈칸을 완성하는 경향이 강했고, 통제 집단보다 식욕이 더 강하게 나타났다. 과체중인 사람일수록 음식 광고에 영향을 받기 쉬운 것이다.

또 다른 연구에서는 7살에서 11살 사이의 아이들을 대상으로 음식 광고의 영향력을 살펴보았다.[12] TV를 보는 중간중간 음식 광고를 본 아이들은 그렇지 않은 아이들보다 TV를 보면서 간식을 찾는 모습을 더 자주 보였는데, 그 차이는 45% 정도였다.(이런 모습은 어른들에게서도 확인되었다.) 아이들이 하루에 30분 TV를 본다고 할 때, 음식 광고가 있고 없고에 따라 1년에 약 4.5kg의 체중 차이로 이어질 수 있다고 한다. 가만히 앉아서 TV를 보는 행위 자체가 음식물 섭취의 가능성을 높이기도 한다.

10만 개의 음식 광고를 조사한 한 연구 결과, 아이들이 보는 광고의 85% 정도가 건강하지 않은 음식이었다.[13] 가당 음료, 설탕이 첨가된 시리얼, 패스트푸드 등인데, 알게 모르게 이런 음식 광고들은 아이들은 물론이고 우리들의 인식과 체중에 많은 영향을 미치고 있다.

음식 광고뿐만 아니라 각종 쿡방, 먹방 프로그램이 홍수다.
과연 '지나친 걱정'이라는 말로 덮어버리면 끝인 걸까?

선택할 것이 너무 많아서 피곤하다 _ 결정 장애

주부 P는 요즘 마트 가는 일이 은근히 스트레스다. 생수부터 고추장, 화장지까지 사야 할 물건은 정해져 있는데 수많은 브랜드의 제품 중 딱 하나를 고르는 데 너무 많은 시간이 걸리기 때문이다. 가격부터, 브랜드 이름, 용량까지 비교하다 보니 머리가 터질 것 같다.

• • •

　아마존에서는 1,161가지의 화장실 솔을 팔고 있다고 한다. 당신이라면 그렇게 많은 화장실 솔 중에서 화장실 구석에 놓아두고 아주 가끔씩만 사용하게 될 물건으로 무엇을 선택할까? 선택하기까지 얼마의 시간이 걸릴까? 간단하게 샐러드를 해 먹기 위해 마트의 드레싱 진열대 앞에 선 당신은 얼마나 빨리 원하는 드레싱을 고를 수 있을까? 비타민 함유 우유, 저지방 우유, 유기농 우유 중에서는 또 무엇을 골라야 할까? 가끔은 동네 구멍가게에 놓여있는 단 한 종류의 우유를 집어야 하는 그 상황이 더 마음 편하지 않은가?

　과거에 비하면 우리는 많은 자유를 누리며 살고 있고 이는 선택할 것이 많은 것으로 곧장 연결된다. 이렇게 다양한 선택을 내릴 수 있는 현대 사회를 살며 우리에게 꼭 필요한 물건들을 찾을 수 있어서 좋은 점도 분명 있다. 하지만 "내가 결정 장애가 있어서….”라는 예전에는 없던 말을 입에 달고 사는 사람들을 심심치 않게 볼 수 있게 되었다.

《선택의 역설The paradox of choice》이라는 책을 쓴 배리 스와츠Barry Schwartz는 너무 많은 선택지가 우리에게 주는 치명적인 단점에 대해 지적하였다.14)

첫 번째로, 너무 많은 선택지는 우리에게 자유보다 오히려 마비를 준다. 아예 선택 자체를 하지 못하게 한다는 것인데, 고르지 못해 아예 포기해버린 경험은 누구나 있을 것이다. 한 예로, 미국에서 퇴직자 연금 제도Voluntary Retirement Plan의 선택 사항을 10개 더 늘릴 때마다 연금을 신청하는 사람의 수가 2%씩 줄어들었다고 한다. 너무 복잡해진 나머지 연금을 선택하는 것을 아예 포기하는 것이다. 연금의 종류가 5개에서 50개로 늘어나면 약 10%의 사람들이 신청을 포기하게 된다는 말인데, 이는 사람들의 노후와 직결되는 심각한 문제가 될 수도 있다.

두 번째로, 자신에게 가장 적합하다고 생각되는 것을 선택하고 나서도 선택에 대한 만족감이 낮을 수 있다. 청바지를 사러 옷 가게에 갔더니 스타일부터 세세한 디테일에 미세한 색의 차이 등 내가 고를 수 있는 청바지가 수십 개는 족히 넘었던 적이 있을 것이다. 겨우 힘들게 하나를 고르고 집에 돌아와서도 내가 고르지 않았던 것에 대해 '그걸 골랐다면 더 좋았을까?', '아, 잘못 고른 것 같아.' 등의 후회를 하기 십상이다. 또한, 더 많은 선택 사항이 있기 때문에 자신이 지금 선택한 것, 누리고 있는 것보다 더 나은 것이 있을지도 모른다는 생각에 끊임없이 무언가를 바라며 현실에 만족하지 못할 수도 있다.

마지막으로 선택지가 너무 많은 상황에서 불만족스럽거나 잘못된 선택을 하면 자기 자신을 비난할 가능성이 커진다. 상대적으로 선택지가 적었던 과거에는 '그것밖에 팔지 않아서 그래.'라고 생각하며 나 자신이 아닌 그 상황을 비난하거나 잘못을 회피할 수 있었지만, 선택지가 많아진 오늘날엔 '더 괜찮은 것도 있었는데 내가 잘못 골랐나 봐.'라며 자기 비하로 이어질 수 있다. 자기 비하는 현대인의 우울증이나 자살에 적지 않게 이바지하고 있으니 선택지가 많은 것을 반길 수만은 없다.

그렇다면 가장 좋은 선택을 내리는 방법은 무엇일까? 한 연구에서 111명의 지원자가 16개의 선택 사항 중 가장 이상적인 선택은 무엇인지 살펴보았다.[15] 실험은 온라인으로 진행되었고, 세 가지의 선택 전략Choice Strategy을 비교했다.

동시선택

첫 번째 전략은 동시 선택Simultaneous Choice으로 16가지 모두를 한 번에 고려하게 했다.

두 번째, 순차적 제거Sequential Elimination 전략에서는 네 가지 중 가장 좋은 것을 하나 선택한 후에, 후보에 오르지 않았던 세 가지를 더해서 다시 가장 좋은 것을 선택하는 식으로 네 개 중 하나를 총 5회에 걸쳐 계속 선택하게 했다.

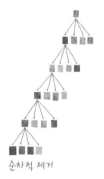

순차적 제거

순차적 토너먼트

마지막으로 순차적 토너먼트Sequential Tournament 상황에서는 16개의 선택 사항을 네 그룹으로 나누어 그룹별로 하나씩 고른 후, 뽑힌 4개 중에서 최종 선택을 하도록 했다.

참가자들이 세 가지 전략 모두를 사용해보고 가장 효과적인 전략이 무엇이었는지 평가한 결과, 제일 인기가 적었던 순차적 토너먼트가 가장 합리적인 전략인 것으로 나왔다. 반면에 사람들이 가장 선호했던 동시 선택 전략은 결과적으로는 가장 비효율적인 전략이었다.

선택 사항이 많을 때는 토너먼트 방식처럼 소그룹에서 일차 선택한 후에 최종적으로 선택해보자. 현명한 선택을 할 가능성이 50% 정도 증가한다고 한다.

선택할 것이 많아지면서 선택에 걸리는 시간과 비용, 노력과 그에 필요한 정보는 증가하고, 선택에 대한 확신은 줄어들었으며 후회는 커지게 되었다. 가끔은 단순하게 눈앞에 보이는 것을 선택하며 살아가는 것도 현명한 방법 아닐까?

뚜둥

이 휴지가
네 휴지다!

소비심리학 06

우리는 '공짜'를 좋아해 _ 공짜의 힘

그래도
이왕이면~

주부인 T는 남편과 마트에 갈 때마다 티격태격이다. 하나를 사면 하나를 더 준다거나 선착순 몇 명에게 공짜라는 물건을 놓치지 않으려는 T 때문이다. 남편은 그냥 꼭 필요한 것만 제 돈 주고 사라고 하지만, T의 생각은 다르다. 어차피 언젠가 다 쓸 물건들이고 단돈 몇천 원이라도 아낄 기회를 포기할 수 없다.

어차피 남아서 버릴 거면서~

남편만 빼고 전부 1+1이네

수많은 상품 중 하나를 선택할 때, 합리적인 소비자라면 최소의 비용을 내고 최대의 이익을 얻을 수 있는 상품을 선택할 것이다. 하지만 가끔 이런 합리적인 소비를 하지 못하게 하는 마법의 단어가 있다. 바로 '공짜'다. 공짜는 가끔 우리를 미치게 한다. 며칠 밤을 꼴딱 새우며 줄을 서기도 하고, 체면 불구하고 사람들을 밀치며 돌진하기도 하는 등 비이성적인 생각과 행동을 하게 한다.

우리의 생각과 행동들은 얼마나 비이성적이고 비합리적인 것일까? 이를 알아보기 위한 실험을 살펴보자.[16] 한 백화점의 상품권을 구매할 때 다음의 두 가지 선택 사항이 있다.

① 1만 원짜리 상품권이 공짜
② 2만 원짜리 상품권이 7천 원

크리스티나 샴패너Kristina Shampaner와 댄 애리얼리Dan Ariely의 실험 참가자들은 한 명도 빠짐없이 첫 번째 선택 사항을 골랐다. 한 푼도 내지 않고 상품권을 가지는 것 말이다. 하지만 좀 더 경제적으로 생각해본다면 그 선택이 결코 더 나은 선택이라고 할 수 없다. 실제로 두 번째 경우를 선택했을 때 얻게 되는 이득은 13,000원이기 때문이다. 하지만 공짜라는 말의 힘이 너무나 강력하여 우리는 별 의문 없이 첫 번째 경우를 선택하게 된다. 그렇다면 다음의 경우는 어떨까?

① 1만 원짜리 상품권이 1천 원
② 2만 원짜리 상품권이 8천 원

이 경우에는 실험 참가자 중 64%가 두 번째를 선택했다. 사실 앞의 경우와 비교해보면 둘 다 천 원씩 가격이 똑같이 오른 것이라 굳이 처음 선택했던 사항을 바꿀 필요는 없었다. 하지만 공짜라는 마법의 단어가 사라지자 자신에게 실제로 더 이득이 되는 것을 선택한 것이다.

이 단어의 힘은 왜 이렇게 강력한 것일까? 샴페너와 애리얼리는 두 가지 이유를 들었다. 첫째, 사람들은 공짜라는 가격을 다른 가격들과는 다르게 특별 취급한다는 것. 둘째, 공짜라는 가격이 더 긍정적으로 평가되기 때문이라는 것이었다.

또 다른 실험에서는 실험 참가자들에게 네 가지 선택 사항을 제시하고 각각의 선택 사항이 얼마나 만족스러운지 물었다. (예시의 '린트 초콜릿'은 고급 초콜릿이다.)

① 허쉬 초콜릿 하나가 공짜

② 허쉬 초콜릿 하나가 1센트

③ 린트 초콜릿 하나가 13센트

④ 린트 초콜릿 하나가 14센트

사람들은 첫 번째 경우를 가장 만족스럽다고 평가했다. 허쉬 초콜릿이 1센트일 때와 공짜일 때는 만족감의 차이가 매우 큰 데 반해, 린트 초콜릿이 14센트에서 13센트로 1센트 더 저렴한 경우에는 만족감의 차이가 생각보다 크지 않았다고 한다. 무엇이 되었든 얼마를 아낄 수 있는지의 힘보다 공짜의 힘이 훨씬 강력한 것이다. 많은 회사와 기업들은 이 사실을 아주 잘 알고 있고 이미 오래전부터 이를 잘 활용하고 있다.

공짜의 힘에 대한 한 가지 재미있는 사례가 있다. 아마존에서 일정 금액 이상을 주문하면 무료로 배송해주는 서비스를 유럽 국가들에 도입했을 때 프랑스에서는 실수로 무료가 아닌 1프랑(약 200원)의 가격으로 도입되었다고 한다. 그 결과, 프랑스를 제외한 다른 유럽 국가에서는 무료 배송 금액을 채우기 위해 눈에 띄게 주문이 증가했지만 프랑스에서는 큰 증가가 없었다. 오류를 시정하자마자 프랑스도 마찬가지로 주문이 증가했다. 단돈 200원 차이로 말이다.

'1+1'보다 훨씬 강력한 힘을 가진 것이 '공짜'다.
하지만 세상에 정말 공짜가 있을까?

제품을 사는가? 이미지를 사는가?
_보여주는 소비

직장인 L은 수입 대부분을 명품에 투자한다. 대학
생 때는 용돈을 아끼고 아르바이트까지 해서 사
고 싶던 명품 가방을 샀고, 직장인이 되고 나서는
명품 가방이나 구두를 더욱 빈번하게 샀다. 친구
들이 과소비를 지적하기도 하지만 명품이 아닌
다른 가방을 들고 집을 나서면 뭔가 자신감이 생
기지 않는다.

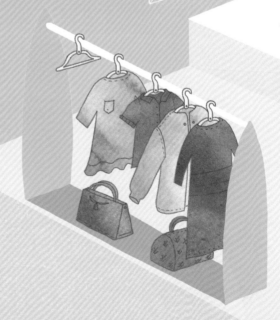

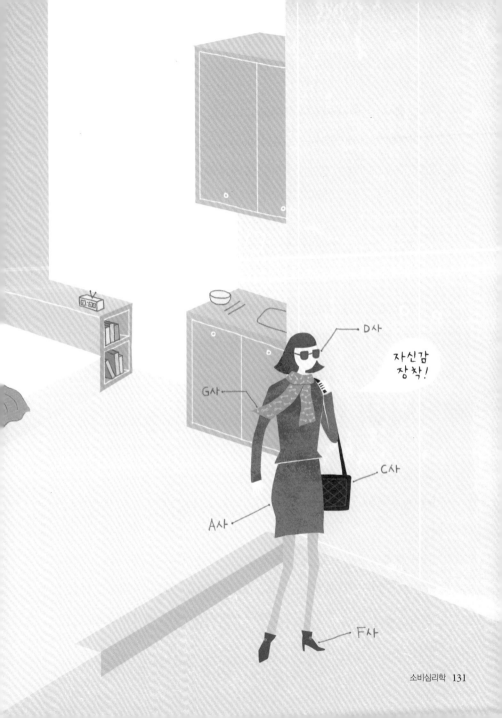

● ● ●

한 웹사이트에서 명품 가방의 로고가 있을 때와 뗐을 때의 사람들 반응을 비교해보았다고 한다. 같은 가방을 두고 사람들의 반응은 극명하게 달랐다. 명품 로고를 떼어놓으니 시장 갈 때도 창피해서 못 들고 가겠다던 사람들이 명품 로고를 붙여놓자 어디에서 얼마에 샀느냐며 180도 다른 모습을 보였다.

요즘은 소위 '짝퉁'을 만드는 기술도 날마다 발전해서 짝퉁을 구별해내기가 상당히 어렵지만, 사람들은 여전히 진품을 선호하고 엄청난 비용을 내고서라도 진품을 산다. 그러고는 '내가 이렇게 비싼 가방을 들고 다닐 수 있다.', '내가 이렇게 비싼 차를 몰고 다닐 수 있다.'라고 어떤 물건을 가짐으로써 자신의 지위를 과시하는 메시지를 보낸다.

진품과 모조품 간에 어떤 심리적인 차이가 있는 것일까? 이를 조사하기 위한 실험을 한번 보자.[17] 참가자들은 모두 유명한 디자이너가 만든 진품 선글라스를 착용했지만 일부에게는 진품이라고 말하고 일부에게는 모조품이라고 말한 뒤, 두 그룹의 생각이나 행동에 어떤 차이가 있는지 살펴보았다.

첫 번째 실험에서 모조품을 착용하고 있다고 믿은 참가자의 약 71%는 다양한 종류의 과제에서 커닝 등의 부정을 저질렀는데, 진품을 쓰고 있다고 믿은 참가자들은 약 30% 정도만이 부정행위를 했다. 이런 모습은 참가자들이 스스로 선글라스를 선택했을 때나 무작위로 진품과 모조품 그룹에 배정했을 때도 마찬가지로 나타났다.

두 번째 실험에서는 앞에서와 마찬가지로 참가자들을 모조품과 진품 선글라스 그룹으로 나누고 다른 사람들의 행동을 어떻게 평가하는지 살펴보았다. 그 결과, 모조품 그룹은 진품 그룹에 비해 같은 행동이라도 부정적이고 비윤리적으로 해석하고 받아들이는 경향이 높았다.

두 그룹 사이에 생각과 행동의 차이가 상당했는데, 모조품을 착용했다고 믿은 참가자들은 선글라스가 자기 생각과 행동에 부정적인 영향을 미친다는 사실을 인지하지 못했다. 상당히 무의식적인 것으로 볼 수 있다는 말이다.

미네소타 대학의 블라다스 그리스케비시우스Vladas Griskevicius는 사람들이 하이브리드 차를 사는 이유에 대해 조사했다.[18] 2000년대 후반 연구 당시, 미국에서 성공을 거둔 차 중 하나인 도요타Toyota의 프리우스Prius를 대상으로 했는데, 이 차를 자세히 뜯어보면 트렁크는 좁고 시트는 천으로 되어있으며 성능이 그리 좋지 않은 엔진을 가지고 있었다. 게다가 가장 치명적인 단점은 연비가 좋지 않아 다른 차에 비해 연료비가 엄청나게 들기까지 했다. 당시에 이렇게 단점이 많은 프리우스를 도요타는 친환경적인 차로 계속해서 이미지 메이킹을 하며 홍보했고 실제로 소비자들이 이 차를 구입한 이유 중에 다섯 번째가 환경적인 측면이었다고 한다. BMW와

가격도 비슷한 프리우스를 선택함으로써 자신이 환경보호에도 관심이 있는 사람이라고 뽐내고 싶었던 것이다. 이 차의 가격이 훨씬 저렴했다면 사람들은 오히려 더 구매하지 않았을지도 모른다.

그리스케비시우스는 사람들이 고급스러운 제품보다는 사회나 환경에 대한 관심을 드러내는 제품을 선택하는 경향이 있다고 밝혔다. 하지만 이것은 어디까지나 대중들의 시선이 존재해야 한다는 전제 조건이 붙는다. 보는 사람이 없을 때는 그렇게 손해를 입어가면서까지 친환경 제품을 고르지 않았다고 한다.

가격을 높일수록 매출이 증가하는 명품 산업.
타인에게 보이는 이미지까지 구매하는 우리와
그것을 교묘하게 잘 활용하는 명품 회사들이
함께 만든 것 아닐까?

제4장

어린 시절에
답이 있다

발달심리학

문제 아동이란 절대 없다. 있는 것은 문제 있는 부모뿐이다.
– 서덜랜드 닐(Neil Alexander Sutherland)

우리 두뇌를 속이는 것들 _ 로젠탈 효과

초등학교에서 2학년 담임을 맡고 있는 교사 C는 요즘 고민이 많다. 학생들을 모두 잘 이끌어가고 싶지만, 현실이 따라주지 않기 때문이다. 공부를 잘하는 아이들은 생활 태도도 전반적으로 좋아서 걱정할 필요가 없었다. 하지만 수업을 잘 따라오지 못하는 아이들은 생활 면에서도 문제가 보였다. 달래도 보고 혼내보기도 했지만 별다른 변화가 느껴지지 않아서, 자신의 능력 문제인지 능력 밖의 문제인지 고민이다.

종종종

튀어~!

● ● ●

심리학자 로버트 로젠탈Robert Rosenthal과 레노어 제이콥슨Lenore Ja-
cobson은 캘리포니아의 한 초등학교 학생들을 대상으로 흥미로운 실험을
했다.1)

학생들의 IQ 테스트를 한 후에, 그 결과를 교사나 학생들에게 일일이
알려주지 않는 식으로 실험은 진행됐다. 다만, 20% 아이들이 더 IQ 점수가
높다며 다른 학생들보다 성공할 수 있는 잠재력이 풍부하다는 말을 교사
에게만 전했다.(실제로는 무작위로 선정했으나, 그 사실은 알리지 않았다.) 그리
고 학년이 끝날 때쯤 다시 IQ 테스트를 했다. 결과는 어땠을까?

실험에 참가한 대부분 학생의 IQ가 이전보
다 상승했는데, 그중에서도 잠재력이 풍부하
다고 알려진 학생들이 평균보다 더 높은 상승
폭을 보였다. 특히, 이 상승 폭은 저학년 아이
들에게서 두드러지게 나타났다. 실제 IQ와는
관계없이 무작위로 선정된 아이들이었는데,
큰 폭으로 IQ가 상승한 이유는 무엇일까?

잘 알려진 피그말리온 효과Pygmalion Effect 때문이었다. 즉, 학생에 대한
교사의 긍정적인 기대감이 학생들에게 긍정적인 영향을 미쳤다. 교사들은
자신도 모르게 잠재력이 있다는 아이들에게 관심을 더 가졌고, 똑같은 행
동을 해도 그들에게 더욱 긍정적인 반응을 해주었으며, 같은 잘못을 저질

러도 다른 아이들의 잘못으로 돌리기도 했다. 실제로 더 우수하지 않았음에도 불구하고, 교사들의 긍정적인 관심과 반응이 그 아이들을 실제로 우수한 아이들로 변화시켜낸 것이다.

이렇게 긍정적인 기대감이 긍정적인 결과를 가져오는 것을 심리학자 로젠탈의 이름을 따서 로젠탈 효과Rosenthal Effect라고도 부른다. 로젠탈 효과와 관련된 또 다른 실험이 있다.[2] 사람들에게 두 잔의 와인 맛을 평가하게 했는데, 한 잔은 5달러로, 다른 한 잔은 90달러로 표시되어있었다. 와인을 마셔본 사람들은 대부분 90달러짜리 와인의 맛과 향이 더 좋다고 평가했다. 주관적인 평가뿐만 아니라 두뇌도 함께 반응했다. 90달러짜리 와인을 마실 때 내측전두엽피질Medial Prefrontal Cortex이 더 활성화되면서 이 영역의 혈류 산소 수준 역시 증가하였다.

하지만 두 와인은 실제로 가격 차이가 전혀 없는, 심지어 같은 와인이었다. 따라서 맛을 느끼는 섬피질Insular Cortex에서는 활동량 차이가 없었는데, 의사 결정, 계획 설정, 결과 예측 등을 담당하는 내측전두엽피질은 '더 비싼 와인'으로 잘못 받아들이며 활동량 차이까지 나타낸 것이다.

화이트와인에 붉은 식용 색소를 첨가한 것과 색소를 첨가하지 않은 원래 화이트와인은 어떻게 다르게 평가될까? 와인 전문가들을 상대로 한 실험에서 전문가들은 화이트와인을 귤, 꽃, 레몬, 꿀 같은 단어들로 묘사했고, 색소를 첨가한 와인은 열매, 빨간 과일 등의 단어로 묘사했다.[3] 단지 색깔만 달랐을 뿐인데 전문가들마저도 다른 평가를 내렸다.

객관적인 감각에 근거하여 외부 자극을 인식하는 방식을 상향식 처리 Bottom-up Processing라 하고 우리가 생각하는 방향으로 외부 자극을 인식하는 방식을 하향식 처리Top-down Processing라 한다.

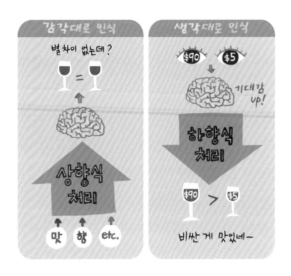

앞의 두 가지의 와인 실험에서 상향식 처리에 따랐다면 와인을 같은 것으로 인식했겠지만, 와인의 가격과 색으로 인해 기대감이 형성되어 같은 와인을 다르게 인식하는 하향식 처리가 이루어졌다.

이렇게 때로는 눈에 보이는 것, 혹은 편견으로 인한 기대감이 실제로 우리의 뇌를 속이기도 하고, 완전히 다른 결과를 만들어내기도 한다.

두 아이가 싸웠다.
한 아이는 성적이 우수한 모범생이고
다른 한 아이는 성적이 낮은 아이다.
우리는 누가 잘못했다고 생각할까?

발달심리학 02

'적절한' 칭찬만이 고래를 춤추게 한다
_ 칭찬의 순효과와 역효과

아이가 이제 막 유치원에 다니기 시작한 직장인 D. 칭찬이 아이에게 좋다는 소리를 들은 후, 아이가 조금 잘못하더라도 꾸짖기보다는 그 안에서 칭찬해줄 모습을 억지로 찾으면서까지 노력하고 있다. 하지만 그렇게 하는 것이 과연 올바른 교육법일까, 칭찬이 오히려 독이 되진 않을까, 어디까지 칭찬해주어야 할까…, 항상 고민이 많다. 적정선을 찾는 게 쉬운 일이 아니다.

•••

　한 연구에서 48명의 성인을 모집하여 특정한 패턴을 학습하도록 했다.4) 몇 시간이 흐른 후, 참가자들은 세 그룹으로 나누어져 얼마나 잘 학습했는지 테스트받았다.

　첫 번째 그룹에는 참가자 개개인을 칭찬해주는 사람이 있었고, 두 번째 그룹의 참가자들은 다른 사람들이 칭찬받는 것을 지켜만 보았으며, 세 번째 그룹은 참가자들이 직접 자신들의 점수를 자체 평가했다. 그 다음날, 같은 과제를 또다시 수행했는데, 다른 두 그룹에 비해 첫 번째 그룹의 수행실력이 월등히 나아졌다고 한다. 단순한 칭찬 하나만으로 눈에 띄는 차이를 만들어낸 것이다.

　첫 번째 그룹의 뇌 활성화 상태를 살펴보니 현금으로 보상을 받을 때 활성화되는 뇌의 영역과 같은 영역이 활성화되었다고 한다. 직접적인 칭찬이 금전적인 보너스와 같은 심리적인 효과를 가져온 것을 보면 칭찬 한마디의 힘은 생각보다 크다.

　하지만 언제나 과유불급. 칭찬이 언제나 좋은 효과만을 불러오진 않는다. 특히나 자존감이 낮은 사람에게는 칭찬을 많이 해주어야 한다고 생각한 나머지 과장되거나 과도하게 칭찬하기 쉬운데, 이는 상당히 위험한 결과를 가져올 수 있다.

한 실험에서 과잉 칭찬에 따른 영향을 살펴보기 위해 여덟 살에서 열두 살 사이의 아이들에게 그림을 그리게 했다.[5] 두 가지 방법으로 아이들을 칭찬했는데, 절반의 아이들에게는 '멋진 그림을 그렸구나!'라는 식으로 평범하게 칭찬해주었다. 나머지 절반의 아이들에게는 '너 정말 말도 안 되게 멋진 그림을 그렸구나!'라는 식의 과잉 칭찬을 해주었다.

과잉칭찬

뿌리가
썩었나봐...

그러고 나서 아이들에게 두 번째 그림을 그리게 했는데, 다음과 같이 설명하면서 쉬운 그림과 어려운 그림 중 하나를 선택해서 그리도록 했다. "쉬운 그림을 선택하면 실수는 거의 하지 않겠지만, 그림 실력이 많이 늘진 않을 거야. 반면에 어려운 그림을 선택하면 실수는 분명히 많이 하겠지만, 넌 확실히 더 많이 배울 수 있을 거야."

아이들은 어떤 선택을 했을까? 결과는 무척 흥미로웠다. 과잉 칭찬을 받은 아이들은 계속 칭찬받기 위해 쉬운 그림을 많이 선택했고, 평범한 칭찬을 받은 아이들은 어려운 그림을 많이 선택했다. 특히, 자존감이 낮은 아이들은 도전하기를 꺼린다는 선입관이 있었지만, 칭찬을 적절하게 받은 아이들은 어려운 것에도 도전하는 모습을 보여주었다.

칭찬은 고래도 춤추게 한다는 말이 있다. 하지만 어디까지나 '적절한' 칭찬
이어야 한다. 과도한 칭찬은 어쩌면 자신이 해낼 수 있는 범위 안에만 머무
르게 하며, 도전을 제한할 수 있기 때문이다. 적절함과 과도함의 경계선, 그
것을 지키는 것이 참 어렵지만 중요한 일이다.

질병인가, 성장통인가_ADHD

내년이면 아이가 초등학교에 들어가는 H는 걱정이 태산이다. 아이가 또래
아이들보다 조금 더 산만한 건 알고 있었지만, 유치원 선생님이 ADHD 검
사를 받아보는 것은 어떻겠냐고 물어온 것이다. 학교에 들어가면 나아질
수 있으니 기다려야 할까, 아니면 지금이라도 당장 검사를 받고 치료를 시
작해야 할까?

우리 애만 그런건지
원래들 그런건지...

• • •

ADHD^{Attention Deficit Hyperactivity Disorder}는 주로 아동기에 많이 나타나는 장애로 주의력이 부족하여 산만하고 과잉 행동과 충동성을 보이는 특징이 있다. 요즘은 아이들이 조금만 산만해 보이면 ADHD가 아닐까 의심하고 성인들도 ADHD로 고통받고 있는 사람들이 늘어나는 등 예전보다 그 질병이 흔해졌다.

ADHD인지 아닌지는 어떻게 알 수 있을까? 의사들이 ADHD 진단을 내릴 때는 주의력 결핍과 과잉 행동 장애의 두 가지 측면을 분리하여 측정한다. 먼저, 다음 증상 중 6가지 이상이 6개월 넘게 지속될 경우 주의력 결핍에 해당한다.

① 세부적인 면에 대해 주의를 기울이지 못하거나 부주의한 실수를 저지른다.

② 일을 하거나 놀이를 할 때 지속해서 주의를 집중할 수 없다.

③ 다른 사람이 말을 할 때 경청하지 않는 것으로 보인다.

④ 지시나 임무를 완수하지 못한다.

⑤ 과업과 활동을 체계화하지 못한다.

⑥ 지속적인 주의 집중이 필요한 과업에 참여하기를 싫어하고, 저항한다.

⑦ 활동하는 데 필요한 물건들을 잃어버린다.

⑧ 외부의 자극에 의해 쉽게 산만해진다.

⑨ 일상적인 활동을 잊어버린다.

다음으로, 과잉 행동 장애는 다음의 증상 가운데 6가지 이상이 6개월 넘게 지속되는 경우에 해당한다.

① 손발을 가만히 두지 못하거나 의자에 앉아서도 몸을 꼼지락거린다.

② 앉아있도록 요구되는 상황에서 자리를 떠난다.

③ 부적절한 상황에서 지나치게 뛰어다니거나 기어오른다.

④ 조용히 여가 활동에 참여하거나 놀지 못한다.

⑤ 끊임없이 활동하거나 마치 무언가에 쫓기는 것처럼 행동한다.

⑥ 지나치게 수다스럽게 말을 한다.

⑦ 질문이 채 끝나기 전에 성급하게 대답한다.

⑧ 차례를 기다리지 못한다.

⑨ 다른 사람의 활동을 방해하고 간섭한다.

증상에 따라 주의력 결핍 우세형, 과잉 행동 우세형, 그리고 두 가지 유형이 모두 해당되는 경우에는 복합형으로 진단을 받는다.

ADHD는 선천적인 질병일까 아니면 후천적인 질병일까? 이 질문에 대한 답은 우리가 미국에 사느냐, 프랑스에 사느냐에 따라 달라질지도 모르겠다.

한 자료에 따르면 미국 내 아이들의 약 9% 정도가 ADHD로 진단을

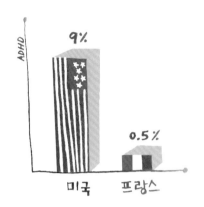

받는다고 한다.6) 반면, 프랑스에서 ADHD로 진단받는 아이들은 0.5%도 채 되지 않는다고 한다. 왜 이런 현상이 나타나는 것일까?

미국에서는 ADHD를 생물학적 원인에서 비롯되는 선천적인 질병으로 보는 경향이 있다. 통제를 담당하는 뇌의 영역이 덜 발달했다고 판단하고, 리탈린Ritalin과 애더럴Adderall 같은 약물로 치료한다. 이에 반해, 프랑스에서는 ADHD를 후천적인 주변 환경과 대인 관계에서 오는 사회적인 질환으로 보는 경향이 강하다. 그래서 약물치료보다는 아이들의 정신적인 고통을 야기하는 근원적인 문제를 찾기 위해 가족 상담 등의 정신과 치료에 집중한다.

질병 분류 체계도 다르다. 미국은 DSM* 체계를 사용하는 반면, 프랑스의 아동 심리학자들은 자신들만의 체계인 CFTMEA** 체계를 사용한다.

---

* The Diagnostic and Statistical Manual of Mental Disorders. 미국 정신의학 협회에서 나온 편람으로, 정신 질환 진단을 위해 가장 널리 사용된다.

** Classification française des troubles mentaux de l'enfant et de l'adolescent. 프랑스의 어린이와 청소년 정신 질환 분류.

질병의 원인을 바라보는 시각과 분류 체계의 차이로 인해 프랑스에서는 미국보다 훨씬 적은 수의 아이들이 ADHD로 진단받게 되는 것이다. 미국만큼 ADHD라는 용어가 대중화되어있지도 않고, 인공 색소나 조미료 등 식단으로부터 증상의 원인을 찾기도 하며, 개인이 아니라 사회적인 관점에서 아이들의 증상을 다루는 것이 특징이다.

양육 철학 또한 미국과 다르다. 파멜라 드러커맨Pamela Druckerman의 책《프랑스 아이처럼(원제 : Bringing up Bebe)》에 의하면, 프랑스 부모는 자녀를 키울 때 틀frame과 구조structure를 더 강조한다고 말한다. 예를 들어, 정해진 시간에 식사하고, 아무 이유 없이 아이들이 울 때는 달래주기보다는 내버려두는 식이다. 이렇게 아이들의 요구를 무조건적으로 받아주지 않는 양육 방식이 미국과는 차이를 보인다. 아이들을 사랑하는 마음은 같지만 조금 더 제한을 두고 한계를 설정함으로써 아이들이 규칙 안에서 조금 더 안정적으로 자랄 수 있다고 한다.

한편, 미국에서 상대적으로 ADHD 진단 비율이 높게 나온 배경에는 제약 회사들의 영향이 있었다는 주장이 있다. ADHD는 특별한 치료 방법 없이도 저절로 치료되는 일종의 성장통으로 봐야 한다는 의견도 팽팽하다. 이처럼 ADHD에 대한 연구는 현재 진행형이라 과연 이것이 정말로 '질병'인지에 대해서는 정확히 답을 내기 어렵다.

정말 과거보다 ADHD를 앓고 있는 아이들이 더 많아진 걸까? 아니면 예전에는 철부지 아이들의 장난기 어린 행동쯤으로 여기던 것들을 어느 순간부터 '질병'으로 간주하기 시작한 건 아닐까? 어른들의 잣대로 자라나는 아이들에게 주홍 글씨를 새긴 것은 아니었을까?

..그런가?

어른들은
주의력 과잉, 행동결핍이야!

첫 6개월이 중요하다_ 애착 형성 원숭이 실험

맞벌이 주부인 M은 아이를 낳고 출산휴가를 받아 아이 키우는 데 전념하고 있다. 3개월의 출산휴가 기간이 끝나가자, 이 어린아이를 두고 어떻게 출근할 수 있을지 눈앞이 캄캄하다. 친정어머니가 봐주신다고 하니 안심하고 복직해야 할지, 회사에 양해를 구해 몇 개월이라도 더 육아휴직을 내야 할지 고민이다.

•••

미국 심리학자 해리 할로우Harry Harlow는 원숭이를 대상으로 부모와 자녀 간의 애착에 대해 연구했다.[7] 태어난 지 불과 몇 시간밖에 안 된 새끼 원숭이들을 어미로부터 떼어놓으면서, 진짜 어미를 대신할 대리모를 만들어주고 관찰하는 실험이었다. 대리모는 철사로 만들어진 인형이었는데, 하나는 철사가 그대로 드러난 차가운 철사 대리모였고 다른 하나는 철사 위에 부드러운 천을 덧댄 헝겊 대리모였다.

첫 번째 실험에서 두 대리모를 새끼 원숭이 곁에 두고 원숭이들의 행동을 관찰했다. 철사 대리모와 헝겊 대리모 모두 우유병을 들고 있었지만, 원숭이들은 헝겊 대리모와 훨씬 더 긴 시간을 보냈다. 원숭이들은 배고픔이나 목마름을 해결하기 위한 물리적 욕구뿐만 아니라 따뜻함을 느낄 수 있는 심리적인 욕구까지 충족시키길 원했던 것이다.

위의 실험을 약간 변형한 다른 실험에서는 헝겊 대리모에게는 우유병을 달아놓지 않고 철사 대리모에게만 우유병을 달아놓았다. 이 경우에도 원숭이들은 우유를 먹기 위해서만 잠시 철사 대리모에게 다가갈 뿐, 그 외의 시간은 헝겊 대리모에게 매달려 지냈다.

두 번째 실험에서는 새끼 원숭이들에게 아예 선택의 기회를 주지 않았다. 무작위로 반을 갈라서 절반의 원숭이들은 철사 대리모와 보내게 하고, 나머지 원숭이들은 헝겊 대리모와 시간을 보내도록 공간을 분리했다. 두 그룹 모두 똑같은 양의 우유를 먹으며 신체적으로는 비슷하게 성장했다.

하지만 두 그룹 간에 눈에 띄게 다른 행동이 관찰되었다. 이상한 물체를 우리에 던져 넣거나 큰 소리로 원숭이들을 놀라게 했을 때, 헝겊 대리모와 함께 있던 원숭이들은 대리모에게 딱 달라붙어 대리모를 문지르며 스스로 안정을 찾아갔다. 하지만 철사 대리모와 함께 있던 원숭이들은 놀란 상황에서도 대리모를 찾지 않고 혼자 구토를 하거나 여기저기 뛰어다니며 공포에 질려 소리를 질러댔다. 헝겊 대리모에게는 실제 어미처럼 애착을 형성했지만, 철사 대리모에게는 그렇지 못했다.

원숭이들이 태어나고 90일간을 이렇게 실험한 후 실제 어미에게 다시 돌아갔지만, 애착 형성을 제대로 하지 못하고 불안한 상황에 잘 대처하지 못하는 등 정서적인 불안이 평생을 갔다고 한다. 뒤늦게 아무리 애정을 쏟아보려고 해도 애착이 쉽게 형성되지 못한 것이다.

사람의 경우에는 어떨까. 양육자와 아이의 애착 형성을 살펴보기 위해 낯선 사람을 투입하여 아이와 양육자를 잠시 떨어뜨려 놓는 실험을 본 적이 있을 것이다. 메리 아인스워스Mary Ainsworth의 낯선 상황 연구The Strange Situation Protocol라 불리는 실험인데, 실험으로 나타나는 아이의 모습에 따라 애착 형성 유형을 크게 3가지로 나눌 수 있다.[8]

첫 번째 유형은 안정 애착Secure Attachment으로 양육자와 함께 있을 때 아이들은 주위를 적극적으로 탐색한다. 양육자가 방을 떠나면 적절한 수준의 불안감을 호소하고 다시 재회하면 긍정적인 상호작용을 재개하는 등 정상적인 모습을 보인다. 과반수의 유아가 이 유형에 속한다.

두 번째 유형은 회피 애착Anxious-Avoidant Insecure Attachment이다. 아이들이 양육자를 피하거나 무시하는 경향을 보인다. 주위를 많이 탐색하지도 않고 양육자가 떠나거나 다시 돌아와도 큰 반응을 보이지 않는 유형으로, 미국 표본의 경우에 약 20%의 아이들이 해당된다.

세 번째 유형은 저항 애착Anxious-Resistant Insecure Attachment으로 아이들이 낯선 상황에 놓이면 양육자를 찾긴 하지만, 양육자로는 불안감을 다

해결할 수 없다. 양육자가 떠나면 매우 스트레스를 받지만, 다시 돌아와도 계속 울며 화를 내는 등의 행동을 보인다. 미국의 경우 약 10~15%의 아이들이 해당된다.

아기가 태어나고 첫 6개월이 애착을 형성하는 중요한 시기다. 이 6개월 동안 아기들도 나름대로 노력을 한다. 태어나고 6주까지 신생아들이 웃고, 옹알이하고, 우는 일련의 행동을 보이며 양육자의 관심을 끄는데 이를 애착 신호라고 하며, 이 기간을 전애착Preattachment 단계라 부른다.

생후 2개월에서 6개월 사이의 아기들은 친숙한 사람과 낯선 사람을 구별하기 시작한다. 자신에게 애착을 주는 주양육자에게 더 반응하며 자신이 애착을 형성해야 하는 상대를 구별하는데, 이 시기는 차별화된 애착Orientation with Discrimination 단계라고 부른다.

아이와 건강한 '안정 애착'을 형성하려면 위와 같은 전애착 단계부터 차별화된 애착 단계에 이르기까지의 첫 6개월 동안 한 명의 주양육자가 꾸준히, 안정적으로 아이와 유대감을 형성하는 것이 좋다.9) 또한, 일정한 스케줄에 따라 먹이고 재우고, 적극적인 스킨십으로 애정을 표현하고, 아이의 불편에 즉각적으로 반응하는 등의 행동이 밑바탕 되어야 한다.

첫 6개월, 그때 잘 형성해놓은 애착은 아이의 평생에 걸쳐 긍정적인 영향을 끼친다. 가장 중요한 이 시기를 놓치고 나서 뒤늦게 후회하지 말고, 아이와 충분한 시간을 보내며 애착을 형성해야 한다. 김정은도 무서워한다는 '중2병' 예방은 어쩌면 첫 6개월이 가장 적기일지 모른다.

유아기 절제력이 평생을 좌우한다 _ 마시멜로 테스트

남들보다 유달리 식탐이 강한 아이를 둔 E. 언젠가 TV에서 본 마시멜로 테스트를 하기 위해 아이 앞에 쿠키를 하나 놔두고 엄마가 올 때까지 참으라고 말했다. 잠시 화장실에 다녀온 사이, 역시나 깔끔하게 비워진 접시만이 놓여있었다. 이런 아이에게 강제로라도 자제력을 길러줘야 하는지 고민이다.

●●●

'세 살 버릇 여든 간다.', '개 버릇 남 못 준다.'라는 속담이 말해주는 것처럼 인간은 쉽게 변하지 않는 존재일까? 어릴 적 아이들이 하는 행동과 미래 모습과의 상관관계를 알아보는 유명한 실험으로 월터 미쉘Walter Mischel 박사의 **마시멜로 테스트**Marshmallow test가 있다.10)

실험은 4살에서 6살 사이의 아이들을 대상으로 진행되었다. 아이들 앞에는 마시멜로 하나씩이 놓여졌다. '만약 15분 동안 눈앞의 마시멜로를 먹지 않고 참는다면 15분 후에 두 개의 마시멜로를 먹을 수 있지만, 참지 못하고 마시멜로를 먹게 된다면 아무런 보상이 없다.'고 아이들에게 충분히 설명해준 후 실험자가 방을 떠났다.

아이들의 행동을 살펴본 결과, 삼분의 일 정도의 아이들이 15분을 기다려 두 개의 마시멜로를 손에 넣을 수 있었다. 눈앞의 유혹을 이겨내기 위해 손으로 두 눈을 가리는 아이, 뒤돌아 앉아 마시멜로를 쳐다보지 않는 아이, 책상을 발로 툭툭 치는 아이의 모습도 관찰되었다. 몇몇 아이들은 실험자가 방을 떠나자마자 마시멜로를 먹었고,

몇몇 아이들은 고민하는 모습을 보이다 마시멜로를 입으로 가져갔다. 나이가 어릴수록 유혹을 이기지 못하는 모습이 강했다고 한다.

이 실험에서 눈여겨봐야 할 점은 추적 조사 결과였다. 13년이 흘러 아이들의 학업 성취도를 조사해본 결과, 마시멜로를 먹지 않고 기다렸던 아이들이 곧장 먹었던 아이들보다 무려 210점이나 더 높은 SAT(미국 대학 입학 자격시험) 점수를 받았다고 한다.[11]

학업 성취도뿐만 아니라 비만 정도를 측정하는 BMIBody Mass Index 지수와도 마시멜로 테스트는 상관관계를 보였다.[12] 30년 후에 비만도를 측정해본 결과, 눈앞의 유혹을 참을 수 있었던 아이들의 경우 그렇지 못했던 아이들보다 비만도가 낮았던 것이다.

이후에도 조사는 계속되었다. 실험 참가자들이 중년에 이른 2011년에 뇌의 활동량을 비교해본 결과, 유혹을 참으며 보상을 지연시켰던 그룹의 경우 정보를 통합하여 전략을 수립·실행하는

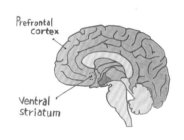

영역인 전전두피질Prefrontal Cortex과 유혹을 자제하는 영역인 배쪽줄무늬體Ventral Striatum의 활동량이 더 높았다고 한다.[13]

이와 관련된 다른 실험을 하나 더 살펴보자.[14] 실험 대상자는 어린 여자아이들이었다. 아이들 앞에 과자와 초콜릿 등 맛있는 간식들을 가득 두고, 곧 모

든 과자를 맛보는 미각 테스트가 있을 것이라고 속였다. 아이를 잠시 혼자 둔 채, 실험자는 방을 빠져나왔다. 그리고 나서 실험자가 방을 비운 동안 아이가 혼자서 얼마만큼의 과자를 먹었는지 질량을 측정하여, 부모의 양육 방식 간의 상관관계를 조사했다.

그 결과, 부모로부터 평소에 간식을 먹지 못하도록 통제당하는 아이들일수록 더 많은 양의 간식을 몰래 먹었다고 한다. 금지당한 만큼 아이들의 욕구가 더 커지는 역효과를 낳은 것이다. 추적 조사에서도 이 아이들은 비만 확률이 더 높았다고 한다.

마시멜로 테스트는 단순히 지적 능력뿐만 아니라
다양한 두뇌 영역과 상관관계를 가지고 있는 것으로 알려져 있다.
그만큼 즉각적인 보상이나 만족을 지연시킬 줄 아는
자기 절제력이 중요하다는 것이다.
하지만 절제력을 훈련시킨다고 아이를 지나치게 통제하다가는
역효과를 일으킬지도 모른다.

전-부
먹어버리겠어!

핑크 걸, 블루 보이 _ 성별 고정관념에 대한 연구

사랑스러운 딸아이를 둔 회사원 S는 아이 장난감을 사러 갈 때마다 혼란스
럽다. 다른 사람들처럼 인형이나 소꿉놀이 코너로 가다가도 공룡이나 로
봇을 좋아하는 아이 생각에 발길을 옮기게 된다. 죽어도 치마는 입기 싫다
고 하고 분홍색 옷은 거들떠보지도 않는 딸아이에게 정체성 문제라도 있
는 것은 아닐까 염려스럽다.

••••

태어나는 순간부터 아이들은 성별에 따라 분홍색 담요나 파란색 담요를 골라 덮고, 자연스레 여자아이는 분홍색 인형 장난감에 남자아이는 파란색 자동차 장난감에 둘러싸인다. 학교에 들어가서도 이런 모습은 계속된다. 여자아이는 분홍색 이름표를 받고 남자아이는 파란색 이름표를 받게 되고, 선생님들은 '여학생들이 더 잘하고 있다.'거나 '오늘은 남학생들이 얌전하다.'고 말한다.

이렇게 우리는 의식하든 의식하지 않든지 간에 생각보다 빈번하게 성별을 기준으로 많은 행동과 말을 한다. '넌 어쩜 남자가 그렇게 섬세하니.', '여자치고 운전 정말 잘하는데?'라면서 사람들을 성별로 판단하는 것에 대해 생각해본 적이 있는가? 그것이 가지는 위험성에 대해 생각해본 적이 있는가?

텍사스 대학의 레베카 비글러Rebecca Bigler 교수는 성별에 대한 고정관념을 연구하기 위해 한 학교의 교사들을 두 그룹으로 나누었다.[15] 한 그룹은 학생들을 통제하고 가르칠 때 성별을 자주 사용하게 했다. 여학생들에 대한 정보는 분홍색 게시판에, 남학생들에 대한 정보는 파란색 게시판에 게재했고 '여학생들이 청소를 깨끗하게 했네요.', '남학생들이 문제를 잘 풀었네요.' 등의 성별을 언급하는 말을 자주 하게 했다.

반면 다른 그룹은 성별을 직간접적으로 언급하지 못하게 훈련시켰다.

학생들 개인의 이름을 부르거나 '우리 반 학생들'과 같이 전체를 가리켜 표현하게 했다. 예를 들어, '남학생들 조용히 하세요.'라는 표현보다는 '철수랑 민호 조용히 하세요.'를 하는 식이다. 학생들을 지칭할 때 성별을 나타내는 표현을 쓰고 안 쓰고의 차이점 말고는 모든 상황이 같았으며, 선생님들은 남학생과 여학생을 동등하게 대했다.

그렇게 4주가 지나고 어떤 변화가 있었을까? 이름이 불리기보다는 여자 누구누구, 남자 누구누구라고 불린 학생들이 성별과 관련해 더 강한 고정관념을 형성하게 됐다고 한다. 무슨 말인고 하니, '의사나 대통령은 오직 남자만 될 수 있어요.', '간호사나 보모는 여자가 되는 거예요.'라는 식의 표현을 자주 사용하게 된 것이다. 또한 이런 학생들의 경우 '남자 전체'나 '여자 전체' 등 성별을 묶어서 표현하고, 개인의 특성을 무시하는 경향이 조금 더 강하게 나타났다.

이런 모습은 어떤 문제가 될 수 있을까? 아이들이 '모든 남자들은 스포츠를 좋아해.'라는 믿음을 가졌다고 해보자. 이 경우 스포츠를 좋아하지 않거나 잘 못하는 남자 아이는 어떻게 될까? 아이의 자존감이나 자아 형성에 문제가 되거나, 다른 아이들에게 놀림의 대상이 될 수도 있는 등 좋지 않은 영향이 쉽게 예상된다.

비글러 교수팀의 또 다른 실험에서는 성별이 아닌 티셔츠의 색으로 아이들을 나누었다. 학생들에게 파란 티셔츠나 빨간 티셔츠를 나누어주고

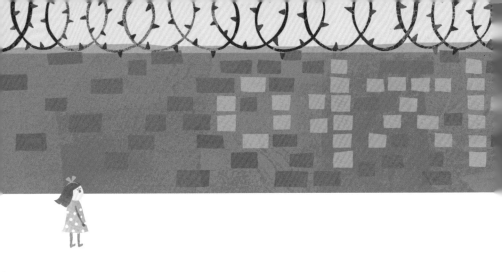

6주 동안 입게 하면서, 앞의 실험과 마찬가지로 선생님들의 반은 티셔츠 색으로 아이들을 통제했고 나머지 반은 그렇게 하지 않았다.

4주가 흐른 후 티셔츠 색으로 통제된 아이들은 자신과 같은 티셔츠를 입은 친구들을 더 좋아했고 '저 파란 티셔츠 애들은 우리 빨간 티셔츠 애들보다 멍청해.'라고 말하는 등 고정관념이 형성되는 모습을 보였다. 이런 모습은 선생님들이 색을 기준으로 행동했을 때 뚜렷하게 나타났다.

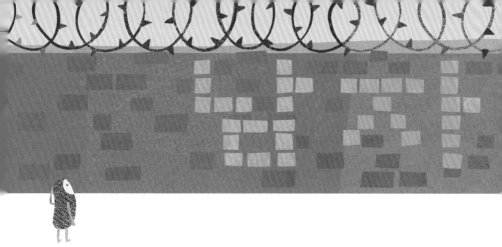

우리는 매일매일, 생각보다 훨씬 더
'성별'로 많은 것을 판단하고 분류한다.

'남자니까 울면 안 돼.',
'여자니까 조신해야 해.'라는 표현,
그 위험성에 대해 한 번쯤 생각해봐야 하지 않을까?

영특한 내 아이, 조기교육을 시킬까? 말까?

_조기교육의 영향

또래보다 암기력도 좋고 영특한 아이 덕분에 행복한 A는
일찍부터 영재 교육을 시켜야 한다는 주변 사람들의 성화
에 시달리고 있다. 영재 교육이 과연 효과가 있을까? 의문
이 들기도 하고, 밖에서 한창 뛰어놀 나이에 공부만 시키
다가 다른 중요한 것을 놓치지 않을까 염려스럽다가도 부
모가 제대로 교육해주지 못해 아이의 영특한 면이 바래지
지 않을까도 고민이다.

조기교육의 효과나 영향을 파악하기 위한 많은 실험이 있다. 주로 학업 위주의 수업과 놀이 위주의 수업을 비교하는 방식인데, 대부분 비슷한 결과이다. 결과부터 말하자면, 조기교육은 단기적으로 높은 시험 점수를 얻을 수 있게 해주지만, 그 차이는 1년에서 3년 사이에 사라진다는 것이다.16) 심한 경우에 조기교육을 받은 아이들이 그렇지 않은 아이들보다 성적이 더 낮아진 경우도 있었는데, 조기교육이 장기적으로 아이들의 사회성이나 감성 발달에 악영향을 끼쳤기 때문으로 추정된다.

1970년대, 독일 정부의 지원을 받고 행해진 한 실험에서 학업 위주의 수업을 하는 유치원과 놀이 위주의 수업을 하는 유치원 50쌍을 비교했다.17) 그 결과 조기교육을 받은 아이들이 처음에는 학업 성취도가 높았지만 4학년쯤부터는 떨어졌고, 읽기

와 수학 실력뿐만 아니라 사회성도 저하된 것으로 나타났다. 당시 독일에서는 학업 위주의 수업을 중시하는 경향이 나타나기 시작했는데, 독일 정부는 이 실험 결과를 보고 놀이 위주의 수업 방식으로 다시 돌아가기로 했다고 한다. 실험 결과를 바로 정책에 반영시킨 것이다.

미국에서도 343명의 학생을 대상으로 연구했는데, 결과는 비슷했다.[18] 놀이 위주 수업을 했던 아이들이 몇 년 후에는 오히려 더 높은 성적을 받았으며 모든 부분에서 전반적으로 성취도가 높았다.

1967년, 미국 미시간 지역에서 이뤄진 또 다른 실험에서는 68명의 아이를 세 종류의 유치원에 준무작위semi-random로 배정했다.[19] 놀이 위주, 어른의 지도가 많이 관여된 놀이 위주, 그리고 학업 위주의 유치원이었다. 실험자들은 2주 간격으로 아이들의 집에 방문하여, 집에서도 유치원과 같은 방식으로 교육할 수 있도록 지도했다.

초기 실험 결과는 다른 실험과 비슷했다. 이 실험에서 관심 가질 점은 아이들이 15살, 23살이 될 때까지 추적 조사를 한 결과이다. 두 시기 모두 학업 성취도 면에서는 그룹 간에 큰 차이를 보이지 않았지만, 사회적인 면과 정신적인 면에서는 큰 차이를 보였던 것이다. 15살 무렵, 학업 위주의 수업을 받았던 아이들은 다른 그룹보다 평균적으로 두 배 이상의 비행을 저질렀고, 23살 무렵에는 그 차이가 심해져서 다른 사람과 갈등이나 마찰을 겪거나 범죄를 저지른 경우가 더 많았다.

이런 차이는 왜 발생하게 된 것일까? 아쉽게도 아직 명확한 해답을 내릴 수는 없다. 다만, 유아기는 사람의 발달에 있어 아주 중요한 시기임은 틀림없다. 이 시기에 또래들과 어울리며 어떤 행동을 계획하고 마찰이 생기면 중재하기도 하며 아이들은 사회성과 책임감 등을 배우는 것이다. 하지만 학업 위주의 수업을 하는 아이들은 무언가를 성취하는 것을 목표로 하게 되면서 사회성을 간과하게 되었을지도 모른다.

살아가다 보면, 공부보다 중요한 것이 참 많다.
또래보다 구구단을 좀 더 일찍 외운다고 인생이 바뀌지 않듯,
교육은 단기적이 아닌 평생을 내다보며 해야 하는 것이다.
우리 아이들의 미래를 위해 우리는 무엇을 선택해야 할까
곰곰이 생각해보자.

나 이제
뭐해요?

우두커니...

암기

수능

토플

구단

토익

제5장

뇌를 다해
사랑하라

사랑심리학

사랑의 본질은 개인을 보편화하는 데 있다.
– 오귀스트 콩트(Auguste Comte)

스릴 있는 첫 만남 _ 잘못된 귀인

친구에게 괜찮은 사람을 소개받은 J. 그 남자가 좋긴 하지만
데이트 방식은 맘에 들지 않는다. 하고많은 영화 중에 무시
무시한 공포 영화를 선택해서 곤란하게 하더니 다가오는 주
말에는 실내 암벽 등반을 하자고 한다. 평소 자신의 스타일
과는 반대되는 것만 골라서 하자고 하는 사람이지만 또 막
상 그렇게 데이트를 해도 싫지는 않다.

●●●

사귄 지 얼마 안 된 사람과 처음으로 영화관에 가는 날, 로맨틱 코미디 영화와 공포 영화 중 무엇을 골라야 할까? 그가 마음에 든다면 설레는 로맨틱 코미디 영화보다 오히려 으스스한 공포 영화를 선택하는 게 현명할지도 모른다. 공포 영화를 보며 흥분 지수가 올라갈 때 매력 지수, 즉 두 사람 사이의 호감을 더 증가시켜줄 수 있기 때문이다.(여기서 말하는 흥분은 우리가 흔히 생각하는 성적인 흥분이 아닌 긴장이나 감정의 고조 같은 것을 뜻한다.)

이런 상황을 연구한 다리 연구The Bridge Study라는 오래된 실험이 있다.[1] 남성으로 이뤄진 실험 참가자들은 산 입구에 있는 튼튼하고 안전한 다리를 건너는 상황과 정상 부근의 삐걱거리고 위험한 다리를 건너는 상황 중 하나에 놓였다. 남성들이 다리를 절반쯤 건너가고 있을 때 실험 진행자인 여성을 만나게 되었다. 여성은 남성에게 모호한 그림을 보여주며 떠오르는 이야기를 해달라고 부탁했다. 그러고 나서 여성은 자신의 연락처를 건네며 혹시나 실험과 관련하여 질문이 생기면 연락을 달라고 했다. 남성들의 행동에는 어떤 차이가 있었을까?

실험 결과, 위험한 다리를 건넜던 남성들이 여성에게 연락을 더 많이 했고, 그림을 보며 떠오른 이야기에도 보다 성姓적인 내용이 많이 포함되어 있었다.

이런 현상은 심리학에서 잘못된 귀인Misattribution 혹은 오귀인이라 불리는 현상 중 하나이다. 여기서 귀인이란 어떤 일의 원인을 추론하고 결정하는 과정을 뜻하는데, 이미 발생한 일의 원인을 잘못 귀결시키면 그것이 잘못된 귀인이 되는 것이다. 다리 연구에서는 높고 위험한 다리를 건너는 데서 발생한 공포심과 흥분을 다리에서 만난 여성에 대한 호감으로 원인을 잘못 연관시키고 있다. 이를 오귀인 중에서도 **흥분의 오귀인**Misattribution of Arousal이라고 부른다.

영화관 데이트로 돌아가면, 공포 영화를 보며 높아진 심박수와 식은땀의 원인을 상대방의 매력 때문으로 잘못 귀결시키게 되면서 서로에게 더욱 호감을 느낄 수 있다.

관심이 가는 사람이 있는가? 그렇다면 그와 서바이벌 게임과 같이 활동적이고 때로는 위험을 수반하는 일을 함께해보라. 함께 고난을 겪은 사람들이 쉽게 사랑에 빠지는 일은 드라마뿐만 아니라 현실에서도 충분히 가능한 일이다.

이런 원리는 비단 연인 관계에만 해당되는 것이 아니다. 1962년의 한 실험에서 수프록신Suproxin이라고 불리는 비타민 물질을 사람들에게 주사했다.[2] 시각적 반응이 어떻게 달라지는지 살펴본다는 명목을 내세웠으나, 실제로 놓은 것은 비타민이 아닌 에피네프린Epinephrine, 우리가 흔히 아드레날린으로 알고 있는 교감신경계 물질이었다. 에피네프린으로 인해 참가자들의 심박수와 혈압이 높아지게 되는데, 그런 에피네프린의 효과에 대해서 미리 설명을 들은 사람도 있었고 듣지 못한 사람도 있었다.

주사의 효과가 나타나기까지 20분을 기다리는 동안 실험 참가자인 척하고 있던 공모자가 미리 계획된 대로 이상한 행동을 하기 시작했다. 한 상황에서는 공모자가 매우 행복한 표정을 짓고 종이비행기를 만들어 날리며 "어린 애로 돌아간 기분이야." 등의 말을 하며 행복한 상황을 연출했고 다른 상황에서는 공모자가 실험에 불만을 표출하며 화가 난 상황을 연출했다.

이런 상황에서 나머지 실험 참가자들의 반응을 조사해본 결과, 행복한 상황 속에 있던 실험 참가자들이 공모자에게 감정적으로 동조하는 확률이 높았다. 이는 에피네프린으로 인한 심박수와 혈압의 상승을 공모자의 행동으로 잘못 귀결했기 때문이다.

이처럼 우리는 자신도 모르게 잘못된 곳에서 어떤 행동의 원인을 찾곤 한다.

맨정신일 때보다 술에 취했을 때 누군가 더 사랑스러워 보이는 것,
그것도 어떻게 보면 잘못된 귀인 아닐까?
사랑에 빠지려면 이런 인지적인 오류도 필요한 것 아닐까?

콩깍지라고 해도 좋아 _ 긍정적 환상

올해 새로운 사람을 만나기 시작한 B. 오랜만에 만난 친구들과 수다를 떨다가 친구들의 성화에 남자 친구의 사진을 보여주었다. 극찬을 기대한 건 아니었지만 "인상은 좋은데 네가 좀 아깝다."라는 말이 집에 돌아온 후에도 계속 머릿속에 맴돌고 있다. 누구보다 다정한 성격에 자신만 사랑해주는 모습을 생각하면 오히려 나에게 과분한 사람이라고 생각하며 잠을 청했다.

남친이 얼마나
털이 부드러운데

송곳니도
섹시하고~

팡팡

•••

　끼리끼리 어울린다, 짚신도 제짝이 있다는 말처럼 사람들은 자신과 비슷한 수준이나 성향의 사람들과 어울린다. 많은 연인을 살펴봐도 그렇긴 하지만, 간혹가다 "저 사람들 정말 커플 맞아?"라고 의심할 만한 연인을 볼 때도 있다. 특히나 외모 수준이 무척 차이 나는 연인들을 보면 사람들은 그 즉시 원인을 찾으려고 한다. 머리가 벗겨진 늙은 아저씨가 젊고 아름다운 모델과 사귄다고 하면 우리는 그 아저씨가 엄청난 부자겠거니 잠정적인 결론을 내리고 비슷하게 생긴 다른 아저씨들과는 다른 대우를 하기도 한다. 이렇듯 누구와 함께 다니느냐에 따라 그 사람에 대한 인식이 변할 수 있다.

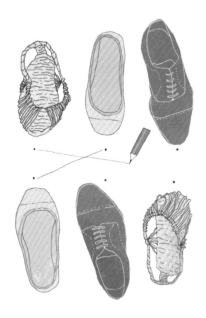

연인의 외모가 본인에게 미치는 영향을 살펴본 실험이 있다.[3] 대학생들의 호기심에서 시작된 이 실험은 엄청나게 아름답거나 잘생긴 연인을 두었을 경우와 반대로 매력적이지 않은 연인을 두었을 경우, 당사자의 외모가 어떻게 평가되는지를 살펴본 것이다. 실험에서는 두 커플의 사진을 고등학생 83명과 대학생 57명에게 보여주며 남자의 매력 지수를 평가해 달라고 했는데, 한 커플은 평범한 외모의 남자와 아름다운 여자, 다른 커플은 평범한 외모의 남자와 매력적이지 않은 여자였다. 평범한 외모의 남자는 상대의 외모에 따라 어떤 평가를 받았을까?

실험 결과는 재미있었다. 외모가 평범한 남자의 경우, 여자 친구가 아름다우면 남자 또한 타인으로부터 더 매력적으로 평가받는 경향이 나타났다. 평균보다 더 아름다운 여자와 커플이라면 그 남자에게 다른 어떤 능력이 있을 것이라는 추측이 남자의 매력 지수를 높인 것이다.

평범한 외모의 여자가 상대에 따라 어떻게 평가되는지도 실험했는데, 여자의 경우는 조금 달랐다. 남자 친구가 멋있다면 여자 자신의 매력 지수는 오히려 떨어졌고, 반대로 멋있지 않으면 여자의 매력 지수가 살짝 올라갔다.

남자들의 매력 지수는 여자 친구의 매력 지수에 '동반 상승'하지만, 여자들의 매력 지수는 함께 있는 남자 친구의 매력 지수와 '대비 효과'로 인해 오히려 감소한 것이다.

연인의 외모와 관련해 'Love-is-blind Bias'라는 흥미로운 개념도 있다. 번역하면 '사랑에 눈먼 편견'이나 '콩깍지 편견' 정도가 될 수 있는데 사람들이 자신의 연애 상대를 실제보다 더 매력적으로 판단한다는 말이다. 자기 자신을 평균 이상이라고 평가하는 **긍정적 환상**Positive Illusion이 자신이 만나는 사람 또한 평균 이상의 사람이라는 콩깍지로 이어진 것이다.

이와 관련한 한 실험에서 자신의 매력 지수와 연인의 매력 지수를 평가하게 했다.[4] 실험 결과 연인의 매력 지수를 더 높게 평가하는 모습이 나났는데, 이 현상은 남녀 공통이었다. 이런 경향은 가볍게 만나는 연인 관계보다 좀 더 진지하고 로맨틱한 만남을 가지는 연인 관계에서 더 뚜렷하게 나타났다고 한다.

또 다른 실험에서는 이러한 'Love-is-blind Bias'와 'Big Five Personality Factor'라 불리는 다섯 가지 성격 요소(331쪽 참고)와의 상관관계를 조사했는데 외향적이고 자존감이 높은 사람일수록 연인의 매력 지수를 자신의 매력 지수보다 더 높게 평가한다고 한다.[5]

이 콩깍지 평생
쓰고 살자옹~

다른 사람들이 뭐라고 해도 내 눈엔 가장 아름답고 멋있는
사람이 바로 당신 옆에 있는 사람이라면 그것이 환상일지라
도 그 속에서 충분히 행복을 느끼면 되지 않을까?

수학으로 사랑이 되나요_ 데이트 상대에 대한 연구

주위 친구들이 하나둘 결혼하는 나이인 D는 친한 친구와 서로의 이상형에 대해 이야기했다. 느낌이 통하는 남자면 충분하다고 생각하는 D와는 달리 친구는 원하는 나이부터 직업군, 취미, 스타일 등 이상형이 아주 구체적이었다. 여러 번 남자를 만나보니 딱 이 정도면 자기와 잘 맞을 것 같다고 하는데, D의 생각에는 친구가 너무 계산적인 것 같았다. 사랑은 세상 그 어떤 감정보다 말로 설명하기 어렵고 논리적으로 이해되지 않는 감정인데, 그런 사랑에 수학적 공식을 적용할 수 있을까?

취미

대인관계

성격

학력

연봉   집안

키   외모

따달깍

check

•••

당신은 나이 차이가 얼마나 나는 사람까지 만날 수 있는가? 위아래로 말이다. 사랑의 나이에 '나누기 2, 더하기 7', '빼기 7, 곱하기 2'라는 규칙이 있다고 한다. 사회적으로 데이트가 용인되는 연하·연상 나이를 구하는 규칙인데, 예를 들어 24세는 19세(=24/2+7)에서 34세(=(24-7)×2)까지와 데이트를 해야 한다는 것이다. 30세가 만날 수 있는 가장 어린 상대는 22세이지만 50세에게는 18세 차이인 32세가 되므로 나이가 들어감에 따라 좀 더 많은 나이 차를 허용하는, 간단하지만 나름대로 일리 있는 규칙이다. 그렇다면 이 규칙이 실제 생활에서는 얼마나 적용될까? 데이트 상대의 나이에 대한 사람들의 실제 생각을 반영하는 것일까?

데이트 상대의 나이 선호도에 대한 연구가 있다.[6] 데이트 상대를 진지함의 정도에 따라 결혼 상대, 진지한 연애 관계, 사랑에 빠질 수 있는 관계, 가벼운 만남, 성적 판타지 등으로 나누어서 단계별로 만날 수 있는 적합한 나이를 조사했다.

먼저 남자들이 선호하는 최소 나이를 살펴보자. 결혼 상대와 진지한 연애 관계의 경우에는 '나누기 2, 더하기 7'의 규칙을 잘 따랐는데, 이 규칙에 의한 나이보다는 나이가 조금 더 많은 상대를 선호함으로써 진지한 만남에 대해서는 현실적인 성향을 보였다. 그에 반해 성적 판타지의 상대는 규칙으로 계산한 나이보다 더 어린 나이를 선호함으로써 현실과 상상 속의 상대 간에 차이점이 나타났다.

남자들이 선호하는 최대 나이는 어떨까? 연구 결과, 40대까지는 자신의 나이와 비슷한 여성을 선호하지만 40대 이후로는 자신의 나이보다 훨씬 어린 여자를 선호하는 등 규칙으로 계산한 연상 나이보다 훨씬 어린 나이를 선호하는 모습을 보였다.

반면에 여자들이 선호하는 최소 나이는 성적 판타지 상대를 포함한 전 단계에서 규칙의 나이보다 더 높은 편이다. 최대 나이의 경우에는 본인의 나이와 비슷한 연령대를 선호했다.

한편 조금 더 복잡한 수학을 이용하여 우리의 사랑을 찾아주는(?) 결혼 정보 회사의 사례를 보자.[7] 보통 이런 회사들은 수학이나 확률 같은 간단한 알고리즘이 탑재된 고유의 매칭 시스템을 활용해서 회원들에게 가장 잘 어울리는 상대를 찾아준다. 이때 기본적인 프로필뿐만 아니라 흡연 및 음주 정도, 성격, 관심 사항 등 시스템에 필요한 여러 데이터를 어떻게 모으고 어떻게 수치로 풀어나가는지가 관건이다.

"결혼하면 자녀를 가지기를 원하세요?", "공포 영화를 좋아하세요?", "종교가 있으세요?" 등을 질문하여 데이터를 수집하는데, 비슷한 답을 한 사람끼리 매칭시키면 성사 확률이 높아진다.

그런데 "연인 관계에서 관심받는 쪽이 되고 싶으세요?"와 같은 질문은 어떨까? "그렇다."라고 대답한 두 사람을 연결하면 문제가 되지 않을까? 따라서 어떤 상대를 원하는지에 대해서도 수집하게 된다. "내가 내성적이니까 좀 더 외향적인 사람을 만나고 싶어요."라고 할 수 있으니까 말이다. 여기서 한 가지 더 고려해야 할 것은 모든 질문이 다 똑같이 중요하지는 않다는 것이다. 예를 들어 정치적 성향에 대한 질문과 좋아하는 음악 장르에 대한 질문이 있다면 정치적 성향에 대한 질문이 더 중요하게 평가되어야 할 것이다. 따라서 단순히 각 항목에 대한 답만 수집하는 것이 아니라 그 항목이 본인에게 얼마나 중요한지도 점수를 매긴다고 한다. 별로 상관없는 질문인 경우에는 1점, 매우 중요하면 5점을 주는 식으로 말이다.

이렇게 질문마다 답변 당사자의 성향, 상대에게 원하는 성향, 그리고 그 질문의 중요성까지 세 가지 정보가 함께 수집된다. 이후 각 커플의 매칭 점수를 계산하게 된다. 실제로 사용하는 공식을 완전히 이해하려면 조금 더 복잡하겠지만, 기본적인 원리는 이렇다.

사랑을 어떻게 수치로 표현할까 의심스럽기도 하지만 이렇게 여러 가지 요소를 고려한 수치라면 나름 신뢰할 수 있을지도 모르겠다.

Recipes
for Love

1 gallon of 성격   3 table spoons of 가족관계

2 cups of 경제력   2 table spoons of 성장환경

3 cups of 정치.종교관   1 table spoon of 외모

1 pinch of 음악취향   1 teaspoon of 유머감각

＊조심스럽게 섞어 반죽하여
구우면 ♥ 사랑이 됩니다

결혼 후 5년이 지난 부부들을 대상으로 했던 영국의 한 조사에 따르면, 중
매로 결혼한 부부의 애정이 연애로 결혼한 부부의 애정을 뛰어넘는다고 한
다. 사랑의 콩깍지보다 수학으로 계산한 사랑이 더 정확한 것일까?

뇌는 여전히 그를 향하고 있다 _ 사랑 중인 뇌에 대한 연구

요즘 C는 새로운 사랑을 시작했다. 그 사람의 모든 것이 참 좋다. 활짝 웃
는 미소, 은은한 그의 향기, 다정한 그의 목소리…. 그러고 보면 사랑이란
감정은 참 신기한 것 같다. 말로는 어떻게 설명하기 힘든 그 감정이 너무나
행복해서, 그렇게 평생 지속되었으면 좋겠다고 생각하고 있다.

• • •

많은 사람들이 사랑을 '말로 설명할 수 없이 가슴에서 우러나오는 감정'이라고 표현한다. 우리가 흔히 '마음'이라고 일컫는 이런 감정들은 사실 뇌와 떼려야 뗄 수 없는 관계다. 사랑이란 녀석도 결국은 우리의 뇌에서 몇 초 단위로 계산되는 것이기 때문이다.

하지만 사랑에 대한 모든 것을 뇌가 처리하는 것은 아니다. 시각, 청각, 미각, 촉각, 후각이 제각기 수집한 정보를 뇌로 보내면 뇌가 그 정보를 통합하여 사랑이란 감정을 계산해낸다. 그렇다면 이 오감이 누군가와 사랑에 빠지고 사랑을 지속하는 데 있어서 어떤 역할을 하는 걸까?

가장 먼저 시각이 그 사람의 외모를 인지하게 된다. 문화마다 미의 기준이 다르긴 하지만 공통적인 기준도 상당히 많다. 보통 좌우 대칭인 얼굴을 선호하는데, 실제로 그런 얼굴이 더 건강하고 좋은 유전자를 가지고 있다고 한다. 진화론적인 측면에서 본다면, 생존과 번식을 위해 더 건강한 사람에게 끌리게 되는 것은 어떻게 보면 당연하다.

또, 자신과 비슷한 특징을 가진 얼굴을 좋아한다. 한 연구에서 다른 사람들의 사진을 본인의 얼굴과 비슷하게 변형했을 경우, 그 사람에 대한 호감도가 상승했다고 한다.[8]

후각도 사랑에서 중요한 역할을 한다. 이성에 대한 호감도에 영향을 주는 페로몬Pheromone이라는 호르몬이 상대방에게 유전적인 정보를 전달해

줄 뿐만 아니라 상대방이 특정 행동을 하도록 이끌어낼 수도 있다. 한 실험에서 여자들이 사흘간 잘 때 입었던 티셔츠와 새 티셔츠의 냄새를 남자들에게 맡게 했는데 여자들이 잘 때 입은 티셔츠 냄새를 맡았을 때 남성 호르몬인 **테스토스테론**Testosterone의 분비가 증가했다.[9]

다른 실험에서는 여학생들에게 남학생들이 이틀간 잘 때 입었던 티셔츠의 냄새를 맡게 했는데, 여자들은 자신의 면역체계와 다른 면역체계를 가진 남자들의 냄새를 더 선호하는 것으로 나타났다.[10]

이 실험의 결과는 MHC Major Histo-compatibility Complex(주조직 적합성 복합체)라고 불리는 분자와 관련이 있는데, 서로 다른 면역체계를 가진 사람과의 사이에서 자녀를 낳으면 그 자녀는 훨씬 강력한 면역체계를 가질 수 있다고 한다. 이 또한, 더 건강한 후손을 낳기 위한 당연한 생존 전략인 것이다.

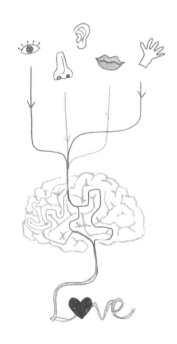

청각도 물론 한자리한다. 남자들은 고음의 목소리를 선호하는 경향이 있는데 보통 체구가 작은 여자들이 이에 속하고, 여자들은 반대로 저음의 목소리를 선호하는데 이는 큰 체구와 관련 있다.[11]

촉각에 대해서는 재밌는 실험이 있다.[12] 본격적인 실험이 시작되기 전에 실험 진행자는 실험 참가자들에게 커피를 잠시 들어달라고 부탁했는데, 어떤 사람에게는 뜨거운 커피를, 어떤 사람에게는 차가운 커피를 주었다. 곧이어 시작한 본 실험에서 어떤 이야기를 읽게 한 후 이야기 주인공의 성격에 대해 평가해달라고 했다.

그 결과, 신기하게도 실험 전에 뜨거운 커피를 들고 있었던 사람들은 주인공을 좀 더 행복하고 사교적이며 관대한 성격으로 평가한 반면, 차가운 커피를 들었던 사람들은 주인공을 차갑고 애정이 없는 성격으로 묘사했다. 단순한 온도의 차이가 누군가를 평가하는 데 영향을 미친 것이다.

사랑에 있어 빠질 수 없는 키스는 미각과 관련 있는데 단순한 스킨십을 넘어 상대방의 숨, 입술의 감촉 등을 통해 다양한 화학 작용이 일어나는 오케스트라라고 볼 수 있다. 그래서인지 첫 키스의 경험이 좋지 않으면 많은 경우에 상대방에 대한 호감을 잃는다고 한다.

이렇게 오감의 역할로 누군가와 사랑에 빠지고 나면 혈액 속에 노르에 피네프린Norepinephrine이라는 호르몬 분비가 촉진되고 심장은 더 빨리 뛰며 동공은 확장되고 몸에서 글루코스Glucose가 더 분비된다.[13] 이 모든 변화는 지금 무언가 중요한 일이 일어나고 있다는 것을 알려주는 몸의 신호다.

그렇다면 그렇게 사랑에 빠진 뇌는 얼마만큼 사랑에 빠져있을 수 있는 것일까? 누군가와 함께한 지 5년, 10년, 20년이 지난 후에도 미치도록 사랑한다는 것은 가능한 일일까?

최근에 발표된 한 연구에서 이제 막 사랑에 빠진 연인과 오랫동안 결혼생활을 한 부부의 뇌를 비교해보았다고 한다.[14] 스토니브룩Stony Brook 대학의 연구팀에서 진행한 이 실험의 참가자들은 행복한 결혼 생활을 유지하고 있는 성인 남녀 17명으로 평균 결혼 기간이 21년이었다. 참가자들에게 배우자 사진을 보여주며 fMRIfunctional Magnetic Resonance Imaging(기능적 자기 공명 영상)로 뇌의 모습을 관찰했는데, 비교 연구를 위해 친구, 유명인, 낯선 사람의 사진도 함께 보여줬다.

그들의 뇌 활동을 이제 막 연애를 시작한 커플들의 뇌의 활동과 비교해본 결과 큰 차이가 없었다고 한다. 특히 VTAVentral Tegmental Area(배쪽피개부)라고 불리는 뇌의 활동이 뚜렷했다. 이 영역은 쾌락이나 행복과 연관이 있는 신경전달물질인 도파민Dopamine의 보상 체계와 관련된 영역으로 초기 연인들에게서 유독 활성화된 모습을 보인다. 그런데 이 실험을 통해서 오래 결혼 생활을 지속한 부부의 경우에도 이 영역이 여전히 활성화될 수 있음이 나타난 것이다. 특히 결혼 생활에 대한 만족도가 높은 사람일수록 VTA 영역의 활동이 더 왕성했다.

오래된 부부와 갓 시작된 연인들의 뇌의 활동이 비슷하게 보이지만, 오래된 부부의 경우에 더 많은 뇌의 영역이 사랑의 감정에 관여하고 있는 모습도 발견할 수 있었다고 한다. 불안감과 고통을 통제하는 부분과 애착과 호감에 관련된 부분 등 연애 초기에는 활성화되지 않았던 영역이 활성화되었던 것이다. 우정과 같은 안정적인 애착이 형성되면서 이렇게 변하는데, 전문가들에 따르면 이렇게 되기까지 약 2년이 걸린다고 한다. 초기 연애와 오래된 연애를 구분 짓는 가장 큰 특징 중 하나가 이런 안정감 아닐까?

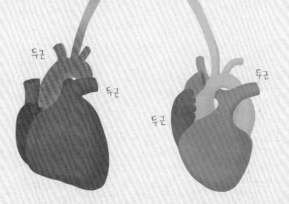

이제는 그 사람이 마냥 편하게만 느껴져서
심장이 콩닥콩닥 뛰던 예전이 그리워질 때면
잊지 말자.
우리의 뇌는 여전히
그 사람을 위해 뛰고 있다는 사실을.

두근
두근
두근
두근

페이스북을 더 좋아해요
_ 인터넷 사용이 애정에 미치는 영향

K는 페이스북을 자주 하는 남자 친구 때문에 섭섭한 적이 한두 번이 아니다. 같이 있어도 한 손으로는 시도 때도 없이 페이스북을 들여다보며 다른 사람들이 올린 글에 '좋아요'를 눌러대고 있기 때문이다. 바쁘다며 나중에 연락하자고 하던 사람이 페이스북에 버젓이 접속해있는 것을 보고 다그치자 오히려 스토커냐며 화를 내서 크게 싸운 적도 있다.

• • •

　언제 어디서나 스마트폰으로 인터넷을 자유롭게 이용할 수 있게 되면서 많이 편해진 세상이다. 하지만 한편으로는 바로 앞에 대화 상대를 두고도 각자의 스마트폰만 쳐다보며 점점 더 대화가 단절되는 것이 문제로 떠오르고 있다.

　최근의 연구 결과에 따르면 과도한 인터넷 사용은 우울증, 스트레스, 외로움 등과 무시하지 못할 상관관계를 가지고 있다고 한다.[15] 하지만 닭이 먼저냐 달걀이 먼저냐 하듯 과도한 인터넷 사용이 우울증을 유발하는지, 우울증을 앓고 있는 사람이 인터넷을 더 많이 하는 것인지에 대해서는 아직 명확하게 밝혀지지 않았다.

　한 연구에서 19세에서 40세 사이의 부부 1,160쌍을 대상으로 SNS의 이용과 결혼 생활에 대한 만족도 간의 관계를 조사했다.[16] "우리는 좋은 관계를 유지하고 있다." 등의 문항에 대한 답을 1점에서 10점 사이로 매기게 했고, 참가자들의 SNS 이용 빈도도 함께 조사했다. 그 결과, SNS 이용 빈도가 높을수록 결혼에 대한 만족감은 낮고 이혼 의향이 높은 것으로 나타나 결혼 생활이 행복하지 않을 가능성이 컸다고 한다.

　다른 실험에서는 398쌍의 신혼부부를 대상으로 4년 동안 추적 연구를 진행했다.[17] 먼저 결혼 한 달 차에 실험 참가자 개인의 행복과 결혼에 대한 만족도와 함께 인터넷 사용 빈도를 측정했다. 인터넷 사용에 대한 질문을 예로 들면 "나는 한번 인터넷을 시작하면 멈추는 것이 힘들다.", "나는 다른 사람들과 시간을 보내는 것보다 인터넷을 하는 것이 좋다." 등이다. 이렇게 개인의 행복, 결혼에 대한 만족, 인터넷 사용에 대한 설문 조사를 4년 동안 총 다섯 번 실시했다. 그 결과, 결혼 생활이 유지되는 동안 인터넷 사용이 증가하면 스트레스, 외로움, 우울증 등도 함께 증가하는 모습을 보였다고 한다. 이에 연구팀은 인터넷 사용 증가가 전반적인 행복 감소에 영향을 준다고 결론 내렸다.

이 밖에도 과도한 SNS의 사용이 애정 관계에 끼치는 악영향은 많다. 예를 들어, 연인이 SNS 상에서 자신이 잘 모르는 사람과 교류하는 모습을 보게 되면 쓸데없는 의심과 질투를 하게 될 수 있다. 또 SNS가 연인을 감시하는 도구로 활용되면서 자신의 주체성이나 사생활까지 잃기도 하는데 이는 연인 관계에서 아주 위험한 모습이다.

일주일에 한 번은 'No 스마트폰 데이'를 만들어, 그날 하루 동안은 스마트폰을 만지지 않고 서로의 눈을 바라보며 대화하게 되면서 훨씬 행복해졌다는 커플의 이야기가 있다. 함께 있는 것이 다가 아니다. 함께 있는 시간 동안 어떻게 시간을 보내는지가 더 중요하지 않을까?

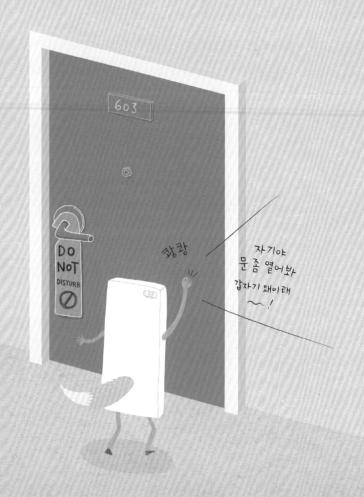

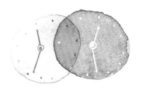

사랑하면 닮아간다 _ 외모의 유사성에 대한 연구

여자친구와 만난 지 3주년이 된 A는 특별한 날을 맞아 여자 친구와 함께 놀이공원을 찾았다. 온종일 재미있는 놀이기구도 타고 맛있는 것도 많이 먹고 사진도 많이 찍었지만, 가장 기억에 남는 일은 "두 분, 남매세요? 정말 많이 닮았어요."라는 말을 두 번이나 들은 것이다. 폴라로이드 사진을 유심히 보니 정말 3년 전보다 훨씬 비슷해져 있었다.

•••

   사랑하면 닮아간다는 흔한 말이 있다. 단순히 시간이 지남에 따라 분위기나 느낌이 비슷해진다는 것일까? 아니면 정말로 오랜 시간을 함께 보내다 보면 외모마저 서로 닮게 되는 것일까? 정말로 그렇다면 왜 그렇게 되는 것일까?

   심리학자 로버트 자이언스Robert Zajonc는 실험 참가자인 110명의 대학생들에게 12쌍의 부부 사진을 두 장씩 총 24장을 보여주었다.[18] 첫 번째는 밀혼 1년 차 때 사진이고 두 번째는 결혼 25년 차 때 사진이다. 그리고 실험 참가자들에게 두 사람이 얼마나 닮았는지를 평가하게 했다. 오로지 얼굴로만 평가할 수 있도록 부부가 입고 있던 옷이라든지 배경은 삭제했다.

   실험 결과, 부부가 막 결혼을 했을 무렵의 사진보다 25년을 함께 산 후에 훨씬 더 외모가 닮았다는 평가를 받았다. 이렇게 상대방과 보낸 시간만큼 더 닮게 되는 이유는 무엇일까?

   연구자들은 몇 가지 가능성을 제기했는데 첫 번째 가능성은 음식이었다. 오랫동안 같은 음식을 먹다 보면 더 닮게 될 수 있다는 추측이었지만 이후에 실시한 실험 결과가 이를 뒷받침하지 못해 이 가능성은 배제되었다.

다음으로는 같은 지역에서 살았다는 환경적인 요소가 제기되었지만, 이 또한 크게 설득력 있는 이유는 아니었다.

마지막으로 가장 힘을 얻은 것은 바로 공감과 감정 이입이다. 오랜 시간을 함께 보내며 비슷한 생각을 공유하게 되고 비슷한 표현을 하게 되면서 점점 더 비슷하게 보인다는 것이다. 예를 들어, 웃는 방식이 닮게 되면 나이가 들면서 얼굴에 비슷한 모양의 주름이 만들어질 수 있다. 자이언스는 얼굴 표정에 관한 연구로도 유명한데, 그의 연구에 의하면 상대방의 표정을 따라 하는 행동만  으로도 그 사람의 감정에 공감할 수 있다고 한다. 또한 실제로 가장 얼굴이 닮았다고 평가받은 부부가 가장 행복한 결혼 생활을 하고 있는 것으로 밝혀졌다.

 한편, 진화심리학적인 입장에 따르면 처음부터 비슷한 모습이나 성향의 사람에게 끌린다고 한다. 콜로라도 대학의 한 연구에서 825쌍의 연인의 DNA를 조사한 결과 DNA 구조가 유사한 비율이 높게 나온 사례도 있다.[19] 어쩌면 처음부터 외모가 비슷한 사람끼리 만나서 점점 더 닮아가는 것인지도 모르겠다.

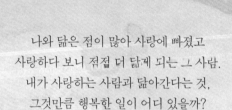

나와 닮은 점이 많아 사랑에 빠졌고
사랑하다 보니 점점 더 닮게 되는 그 사람.
내가 사랑하는 사람과 닮아간다는 것,
그것만큼 행복한 일이 어디 있을까?

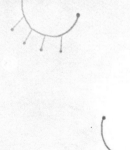

당신의 애정 전선은 지금 어떠한가?

_ 사랑의 청신호와 적신호

확 그냥

자를까?

연애 5년 차에 접어든 P. 결혼할 나이가 다가오면서 주위에서 결혼 날짜를 잡으라고 재촉하지만, 정작 P는 확신이 안 선다. 부쩍 그 사람과 다투는 일이 많아졌고 함께 있어도 즐겁지 않기 때문이다. 처음엔 그저 바라보고만 있어도 좋았던 사람이 이제는 그저 지루하기만 하다. 이런 사람과 평생을 약속해도 되는 걸까?

지나갈
권태기인지도...

말까 ?

• • •

연애 초기엔 그 사람 생각만 해도 가슴이 쿵쾅쿵쾅 뛰고 얼굴이 발그레 해지기 마련이다. 시간이 지나면서 그 설렘이 바래지는데, 눈빛만 봐도 무슨 생각을 하는지 알 수 있게 발전되는 방향이 있는가 하면 숨소리만 들어도 짜증이 나는 관계로 뒷걸음치기도 한다. 사람마다 차이는 있겠지만, 불꽃처럼 타오르던 사랑의 열정이 사그라들고 일상이 되는 것이다. 모든 일에 오르막이 있으면 내리막이 있듯 사랑도 마찬가지다.

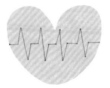

하지만 시간이 지나도 오르막길이 나타날 생각을 하지 않는다면 그것은 분명 연인 관계에 적신호가 켜졌다는 뜻일 것이다. 그렇다면 애정 전선에 적신호가 켜졌는지, 청신호가 켜졌는지는 어떻게 알 수 있을까? 아비게일 브레너Abigail Brenner는 다음의 10가지를 건강한 관계를 유지하는 연인들의 특징으로 뽑았다.[20]

① 공통의 목표를 가지고 있으며 그것을 이루기 위해 노력한다.

② 강한 신뢰가 있어서 비밀이 없이 모든 일을 이야기한다.

③ 각자의 정체성을 확실히 유지하고 있다.

④ 물리적으로만 함께 있는 것이 아니라 서로에게 도움이 되는 시간을 가진다.

⑤ 좋은 방향으로 성장하고 변화할 수 있도록 영감을 준다.

⑥ 원하는 것을 마음 편히 말하며 대화할 때 귀 기울여 듣는다.

⑦ 동의하지 않는 부분이 있더라도 차이에 대해 존중해준다.

⑧ 비현실적인 부분을 요구하지 않는다.

⑨ 관계를 유지하기 위해 하나가 희생하지 않고 서로 노력한다.

⑩ 가족과 친구 등 상대방의 인간관계를 존중한다.

당신은 건강한 애정 관계를 유지하고 있는가? 다투는 일이 없다고 해서 무조건 좋지는 않다. 서로가 긍정적인 방향으로 나아갈 수 있어야 건강한 관계일 것이다.

그럼, 이별로 향하고 있는 연인들의 특징은 어떨까? 스테파니 사키스 Stephanie Sarkis는 다음 7가지 특징을 뽑았다.[21]

① 함께 있는 시간을 피하려고 하고 따로 보내는 시간이 점점 늘어난다.

② 가치관이나 정체성 자체가 변해가고 점점 더 그를 받아들일 수 없다.

③ 같이 있을 땐 나답지 않고 혼자 있을 때 몸과 마음이 더 편하다.

④ 서로의 삶에 무슨 일이 있었는지 잘 대화하지 않는다.

⑤ 신체적 접촉이 확연히 줄어들었고 몸이 닿는 것이 싫다.

⑥ 언젠가부터 '토론'이 아닌 '논쟁'을 하게 되었다.

⑦ 아무 말이나 함부로 하고 대놓고 무시하기 시작했다.

이런 증상들이 보이면 관계가 심각한 내리막길을 걷고 있는 것이다. 잃고 싶은 사람이 아니라면 이제라도 진심 어린 대화를 나누어보며 앞에서 본 건강한 관계의 모습들을 찾도록 노력해야 한다.

오래 지속되는 관계에서 배려 · 친절 · 지지 · 격려 · 공감 등은 꼭 필요한 단어들이고, 무례 · 질투 · 모욕 · 폄하 · 비난 등은 없어져야 할 단어들일 것이다.

지금 누군가를 사랑하고 있고 인생을 함께하기로 결심했다면 긴긴 여행길에 오른 것과 같다. 당신이 누구인지 그가 누구인지 정체성은 버리지 말고, 더 나은 모습, 더 행복한 미래를 위해 둘이 함께 순항하라.

제6장

'우리'라는
이름으로

사회심리학

편견이란 그것을 향해 달려갔던 사람들의 머리에
피를 흘리게 하여 되돌아가게 하는 하나의 벽이다.
– 요한 네스트로이(Johann Nepomuk Nestroy)

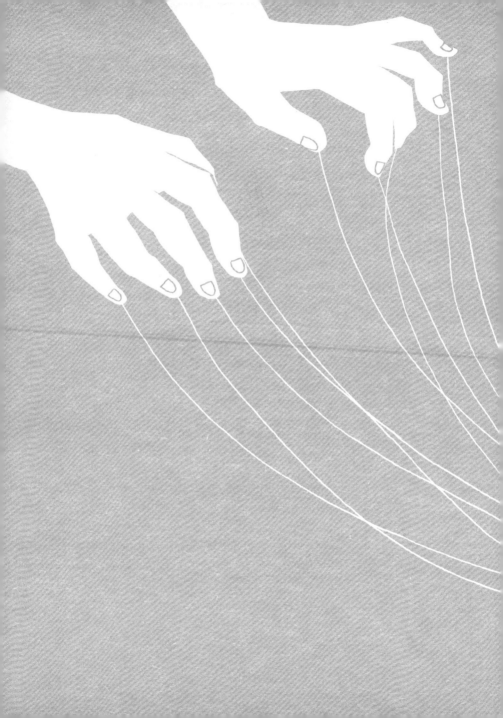

권위에 대한 복종 _ 전기 충격 실험

대학 졸업 후 취업 준비만 2년을 하다 어렵게 회사에 들어온 C는 요즘 회의를 느낀다. 그렇게 노력해서 회사에 들어왔는데, 일을 시작해보니 본인이 생각했던 멋있는 직장인의 모습과는 거리가 멀었다. 조직의 비효율적인 일 처리 방식에 대해 한마디 했다가 어디 신입이 왈가왈부냐며 직장 생활 제대로 하려면 그냥 조용히 시키는 일이나 하라는 핀잔만 들었다.

터벅 터벅

•••

스탠리 밀그램Stanley Milgram은 사람들이 권위 앞에서 어느 정도 복종을 하는지 그 정도에 대한 궁금증을 풀기 위해 한 가지 실험을 했다.[1] 유명한 전기 충격 실험이다. '기억력 실험'을 한다는 명목으로 40명의 남자를 모집한 후 실험 참가자들을 '학습자'와 '선생' 역할로 나누었다.

여기서 중요한 점은 신문 광고를 보고 실험에 지원한 순수 지원자들은 모두 선생 역할을 배정받았고, 학습자 역할은 미리 연습한 연기자들로 구성되었다는 것이다. 선생 역할의 순수 지원자들은 이 사실을 알지 못했다.

선생과 학습자는 서로 다른 방에서 전기 충격기로 연결되어있었고, 선생 뒤에는 '감시자' 역할을 맡은 실험 관계자가 있었다. 선생은 단어 리스트를 암기한 학습자를 테스트하게 되는데, 문제를 틀릴 때마다 학습자에게 전기 충격을 가해야 했다. 전기 충격기에는 30개의 버튼이 있어서 30볼트부터 450볼트까지 충격을 가할 수 있었고, 틀린 횟수에 따라 충격의 강도도 점점 높아졌다.(선생은 그렇게 알고 있었지만, 실제로 전기 충격기는 가짜였다.) 미리 연습한 대로 학습자들은 문제를 틀리기 시작하고 선생들은 버튼을 누르기 시작했다. 전기 충격의 강도가 세질수록 학습자들은 고통스럽다는 척 연기를 했고, 이에 선생들이 주저하는 모습을 보이면 어서 임무를 수행하라고 감시자가 압박했다. 실험에 참가한 모든 사람이 300볼트까지 눌렀고 최고 수치인 450볼트까지 누른 사람도 65%나 되었다.

　밀그램이 여러 버전의 실험을 통해 밝혀낸 사실은 감시자 역할의 명령을 내리는 사람이 물리적으로 더 가까이 있을수록, 더 권위 있는 사람일수록, 권위 있는 기관에 속해있을수록 참가자들이 더 복종하거나 순응하는 모습을 보인다는 것이다.[2]

　권위 있는 자의 명령뿐만 아니라 주변 사람들의 의견도 우리의 의지에 많은 영향을 미친다. 기준선과 똑같은 길이의 선을 고르라는 너무나 쉬운 문제를 받았을 때도, 미리 연습한 연기자들이 오답을 말하자 실험 참가자의 35% 가량이 자신의 눈을 믿지 못하고 다른 사람들을 따라 오답을 말했다고 한다.[3] 연기자들이 세 명 이상인 경우, 이런 경향은 훨씬 커졌다.

　개인은 때로 집단 안에서 자신의 정체성과 통제성을 잃기도 한다. 이러한 현상을 몰개성화Deindividuation라고 하는데 권위나 집단에 반하기 싫어 자신의 신념마저 굽히는 부정적인 효과를 가져올 수 있다.

쌱둑

당신이 밀그램의 실험에 참가했다면,
자신의 신념에 따라 명령에 불복한 35%가 될까?
권위에 복종한 65%가 될까?

편견과 차별의 경계 _ 내재적 연관 검사

지구 반대편 미국에서 흑인에 대한 경찰의 강경한 진압이 계속 이슈가 되고 있다. 무기를 소지하지 않았음에도 경찰에게 위협이 된다는 이유로 몇몇 흑인 청년이 목숨을 잃기도 했다. 유독 흑인에게만 더 많이 일어나는 이런 사건들은 우연한 사고의 연속인 걸까? 아니면 정말 편견 또는 차별이 낳은 결과물일까?

•••

1999년 2월, 뉴욕 브롱스 지역을 순찰하던 경찰관 4명은 수상해 보이는 한 흑인 남성을 발견하고 다가갔다. 경찰을 본 흑인 남성은 주머니를 뒤지기 시작했고 손을 들라는 경찰의 명령에도 주머니에서 손을 빼지 않았다. 경찰들은 그에게 총을 41발이나 쏘아댔고, 기니에서 이민 온 23살의 청년은 그중 19발의 총탄을 맞고 숨졌다. 그의 주머니에서는 신분증이 들어있는 지갑만 발견되었다.

사회심리학자 말콤 글래드웰Malcolm Gladwell은 경찰관들의 섣부른 판단으로 일어난 이 비극적인 사건에 관심을 가지고 무의식 속에 내재된 편견에 대해 연구하기 시작했다.[4] 그 결과를 담은 《Blink》라는 책은 2005년 베스트셀러가 되기도 했다.

편견은 우리의 일상생활과도 아주 밀접한 관련이 있다. 인종, 성별, 나이, 종교 등의 차이로 인해 직업을 가질 수 있느냐 없느냐, 무작위로 검문을 받다 총에 맞아 죽을 수 있느냐 없느냐 등의 일들이 발생할 수 있기 때문이다.

먼저 편견과 차별의 개념에 대해 짚고 가자. 그 둘은 엄밀히 말하면 다른 개념인데 그 차이에 대해 정확하게 아는 사람은 그리 많지 않기 때문이다. 우선 편견Prejudice은 '공정하지 못하고 한쪽으로 (보통 부정적인 방향으로) 치우친 생각'을 말하는데, 보통 인종, 성별, 경제력, 문화권 등 날 때부터 타고난 것을 바탕으로 형성된다. 고정관념Stereotype이나 차별Discrimina-tion과 같은 개념은 아니지만, 이 세 가지는 서로 매우 밀접하다.

예를 들어, 차를 고치러 카센터에 갔는데 여자 수리공이 있다면 어떨까? 아마 많은 사람들이 남자 수리공보다 덜 신뢰할 것이다. 여자가 남자보다 차를 잘 고치지 못할 것이라는 편견을 가지고 있는 것인데 이런 편견은 고정관념에 기초를 두고 있다.

고정관념은 '어떤 것에 대해 과도하게 일반화된 생각'으로 보통은 부정적으로 여겨지지만, 일반적인 인지 과정 중 하나이다. 항상 부정적이지만은 않으며 때로는 정확할 수도 있다. '하수구에 사는 쥐들은 더럽고 질병을 옮길 거야.'라는 생각이 고정관념이지만, 틀리다고 보긴 어렵지 않은가.

하지만 여자 수리공의 경우처럼 부정적인 고정관념은 위험할 수도 있다. 이런 고정관념들에 편견과 부정적인 감정이 섞이게 되면 그것이 바로 차별이라는 행동으로 나타나는데, '차별 = 고정관념 + 편견 + (두려움, 적대감 등의) 부정적인 감정'이라는 식이 성립하게 되는 것이다.

편견이 있다고 해서 항상 그 생각을 행동으로 옮기진 않는다. 뚱뚱한 사람에 대한 편견이 있는 사람이 뚱뚱한 사람을 만났을 때 게으르거나 의지가 박약하다는 식으로 판단할 수는 있겠지만, 그런 편견으로 인해 그를 고용하지 않는다거나 함께 식사하기를 꺼리는 등의 행동을 하게 되면 편견에서 차별로의 선을 넘게 되는 것이다. 즉, 생각이나 태도에 머물렀다면 편견이고 어떤 식으로든 행동으로 나타났다면 차별이 되는 것이다.

1937년도에 행해진 한 조사에서 응답자의 30%만이 여자가 대통령이 될 수 있다고 응답했는데, 그로부터 70년이 흐른 2007년도의 조사에서는 무려 90%의 사람들이 그럴 수 있다고 응답했다고 한다.[5] 사회 곳곳에서 편견이 점차 사라지고 있다고 생각되는데, 그렇게 밖으로 드러난 응답이 우리의 진심을 100% 대변하는 것일까?

이중 처리Dual-Process 이론에 따르면 우리의 생각과 기억, 태도 등은 우리가 인지할 수 있는 외재적 생각과 우리가 인지하지는 못해도 여전히 존재하는 내재적 생각으로 이루어져 있다. 편견 또한 외재적인 것과 내재적인 것이 존재하는데 내재적인 편견은 본인조차 인지하지 못하는 경우라서 연구하기 어렵다.

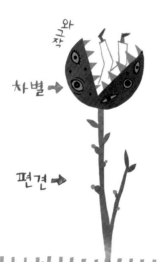

와작

차별 →

편견 →

고정관념 →

'남자들이 여자들보다 과학을 더 잘할까?', '무슬림이 기독교보다 더 잔인할까?', '과체중인 사람들은 게으른 것일까?' 이런 질문들에 대한 내재적인 편견을 살펴보기 위해 1990년 후반에 내재적 연관 검사Implicit Association Test가 고안되었다. 시간제한을 두고 대상이 되는 사물이나 개념을 분류하는 방식으로 검사는 진행된다.

내재적 연관 검사를 이용하여 나이에 대한 편견을 알아보는 실험을 살펴보자.[6] 실험은 두 가지로 진행됐다. '고정관념' 테스트에서는 젊은 사람의 얼굴과 긍정적인 느낌의 사물이 함께 보이거나 늙은 사람과 부정적인 사물이 함께 보이면 버튼을 누르게 했다. '반 고정관념' 테스트에서는 젊은 사람의 얼굴과 부정적인 느낌의 사물이 같이 있거나 늙은 사람과 긍정적인 사물이 같이 있으면 버튼을 누르게 했다.

　　두 실험을 비교한 결과, 대부분의 사람들이 고정관념 테스트에서보다 반 고정관념 테스트에서 더 오랜 시간이 걸렸다고 한다. 버튼을 누르는 시간이 더 오래 걸린다는 것은 젊음을 부정적인 것으로, 늙음을 긍정적인 것으로 연관 짓기가 더 어려웠다는 말이다. 사람들은 자신도 모르는 사이에 젊음은 긍정적인 것으로, 늙음은 부정적인 것으로 내재적인 연관을 짓고 있었다.

오늘도 무의식에 내재된 편견 때문에
누군가를 차별하는 말과 행동을 하지는 않았는가.
그것들로 인해 진짜 중요한 것을
보지 못한 것은 아니었는가.

'우리'의 범위는 어디까지인가? _ 로버스 동굴 실험

 신입사원 H는 회사에서 여자 선배들 눈치를 보느라고 바쁘다. 열 명이 조금 넘는 부서 안에서 여자 선배들이 두 그룹으로 나뉘어있는 것을 알게 된 것이다. 식사는 물론이고 커피까지 함께하지 않는 것을 처음에는 대수롭지 않게 생각했다. 그런데 이쪽저쪽에서 식사해보니 서로 쓸데없는 험담까지 하는 등 좋지 않은 모습이 회사 업무에도 적지 않은 영향을 미치는 것 같다.

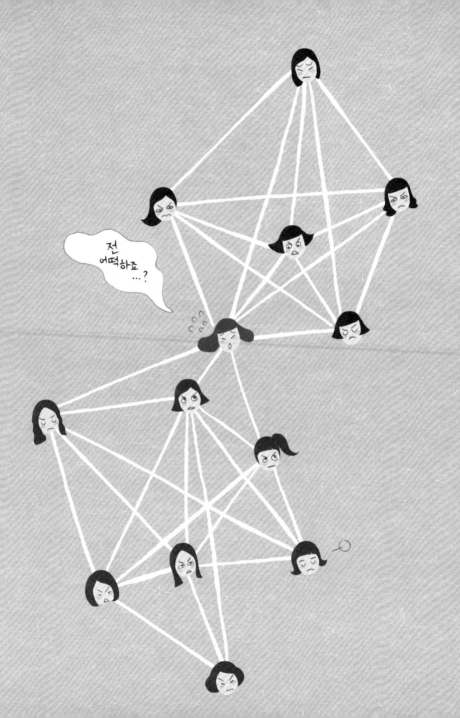

‧ ‧ ‧

그룹이란 함께 행동하거나 공통점이 있어 한데 묶일 수 있는 사람들의 무리를 뜻한다. 구성원들의 행동이나 개념을 규정짓는 하나의 가치를 가질 수 있기 때문에 상당히 비슷한 성향을 띄기 쉽다.

로버스 동굴 공원 실험Robbers Cave Experiment이라 불리는 한 실험은 이러한 그룹의 형성과 구성원들 간의 관계 형성, 그룹 간의 갈등 등에 대해 연구했는데, 현실적 갈등 이론Realistic Conflict Theory에서 아주 큰 비중을 차지하고 있는 실험이다.7)

실험 참가자들은 스물두 명의 열한 살 아이들로, 외부적인 환경의 차이를 최대한 배제하기 위해 아이들의 교육과 생활 정도가 비슷한 중산층 가정의 아이들로 모집했다. 아이들을 오클라호마 주에 있는 로버스 동굴 공원에서 열리는 여름 캠프에 참가시키고 두 그룹으로 나누어 각 그룹에 열한 명의 아이들을 배정하였다.

연구자들은 캠프 초기의 일주일을 '내 그룹 형성 단계'라 이름 붙이고 아이들이 다른 그룹의 존재를 모르고 생활하게 했다. 그 기간에 아이들은 함께 등산이나 수영 같은 신체활동을 하고 식사도 함께하는 등 다양한 상호작용을 통해 소속감과 유대감을 키워나갔다.

아이들은 각각 '독수리Eagles'와 '방울뱀Rattlers'이라는 이름을 자신들의 그룹에 붙이고, 그룹을 상징하는 깃발과 셔츠도 만들면서 집단의 정체성을 확립했다.

그렇게 각 집단의 구성원들이 소속감과 정체성을 확립했을 때 즈음, 연구자들은 아이들에게 캠프에 참가한 또 다른 그룹이 있다는 사실을 알려주면서 실험은 두 번째 단계인 '마찰 단계'에 접어들게 된다. 그때부터는 두 그룹이 함께 캠프에 참여하도록 했는데, 활동과 게임을 하면서 그룹별로 계속 경쟁하게 하여 두 그룹 사이에 갈등을 야기시켰다. 경쟁에서 연달아 승리하고 있던 방울뱀 그룹이 공원 곳곳에 자신들의 깃발을 꽂으며 승리를 자축하고 상대 그룹을 비하하는 노래를 부르기도 하면서 갈등은 점점 심해졌다. 나중에는 급기야 아이들이 서로 같은 곳에서 식사하는 것도 거부하기 시작했다. 연구자들의 예상보다 갈등이 더 빨리 그리고 심하게 발생하자 연구자들은 서둘러 다음 단계의 실험으로 넘어갔다.

'통합 단계'라 불리는 세 번째 단계에서는 두 그룹이 서로 협동하며 갈등을 완화시킬 수 있는지 관찰했다. 처음에는 함께 영화를 보거나 게임을 하게 하여 앞에서 발생한 갈등이 완화될 수 있는지 관찰했지만, 갈등이 해결될 기미가 보이지 않았다. 이에 연구자들은 한 그룹이 단독으로는 해결하기 힘든 문제들을 제시했다. 캠핑장 수도 시설이 동물의 습격으로 망가졌다거나, 영화를 한 편만 보여줄 테니 어떤 영화를 볼지 논의하라고 하는 식이었다. 그러자 아이들은 함께 수도 시설을 고치고 영화를 고르고 한 자리에서 식사를 하는 등의 모습을 보였다.

어떻게 보면 참 당연한 결과 같기도 하지만 지금으로부터 50년도 더 전에 행해진 이 실험이 유명한 이유는 별개의 그룹들이 어떻게 조화를 이루며 살 수 있는지를 보여주었기 때문이다.

'독수리' 그룹과 '방울뱀' 그룹을 각각 한 국가로 생각해본다면 각자의 이익을 위해서는 갈등을 겪기도 하지만 그보다 더 높은 상위의 공동 목표가 있을 때는 협동할 줄 아는 세상의 모습을 그대로 재현해놓은 것 같다.

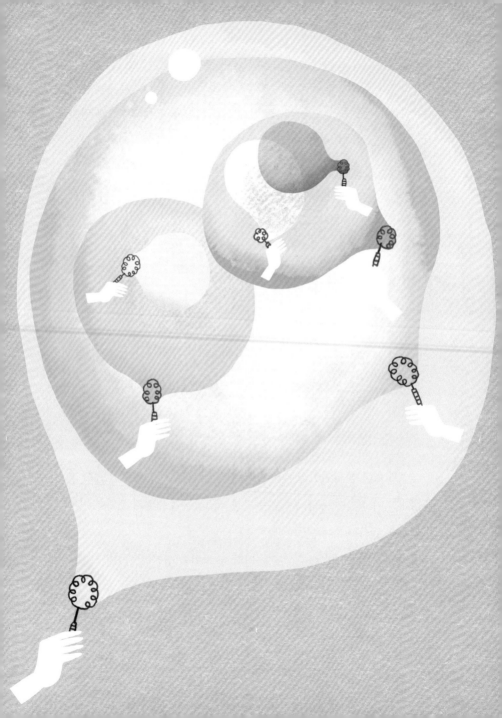

함께 사는 세상이다. 우리가 속한 아주 작은 곳만 생각하지 말고 더 넓게 바라보고 포용하는 마음을 기른다면 좀 더 평화로운 세상이 될지도 모른다. '남'이 아닌 '우리'라고 생각한다면 서로 미워할 이유가 없지 않을까? 당신이 생각하는 '우리'는 어디까지인가?

사회심리학 04

거짓말쟁이를 찾아내는 방법 _ 신뢰도 테스트

결혼 3년 차인 가정주부 B는 요즘 남편의 앞뒤 맞지 않는 말로 엄청난 스트레스를 받고 있다. 회식 때문에 늦는다고 하더니 친구들과 한잔했다고 말을 바꾸기도 하고 회사에서 있었던 일을 물으면 귀찮다며 도통 자세한 이야기를 하지 않으려고 한다. 남편이 거짓말을 하는 것인지 아니면 정말 직장 생활로 피곤해서 제대로 말을 해주지 않는 것인지 답답할 뿐이다.

• • •

형사, 검사와 같이 수사기관에서 일하는 사람들은 거짓말을 구별해내기 위해 따로 전문적인 교육을 받고, 거짓말탐지기의 도움을 받기도 한다. 그런데 그 외의 대다수 사람들은 어떻게 거짓말을 알아챌 수 있을까?

최근 텍사스 대학에서 PBCAT^{Psychologically Based Credibility Assessment} Tool 라는 신뢰도 테스트를 개발했다.[8] 상대방이 말하는 내용을 관찰하면서 총 9가지 문항에 점수를 매겨서 진실인지 거짓인지 구별해내는 것으로 문항은 다음과 같다. 이런 항목들에 높은 점수를 받을수록 거짓말일 확률이 높다.

① 세부적인 내용을 설명하지 않는다.

② 잘 기억나지 않는다고 변명한다.

③ 이야기를 자주 수정한다.

④ 짧고 모호하게 이야기한다.

⑤ 말이 안 되거나 모순되는 이야기를 한다.

⑥ 너무 깊게 생각하려 한다.

⑦ 긴장돼 보이거나 가만있지 못한다.

⑧ 남에게 잘 보이려고 노력한다.

⑨ 느리게 이야기한다.

이 테스트의 효과를 알아보기 위해 텍사스 대학 연구팀은 비디오를 준비했다. 한 사람이 등장해 자신이 지난 토요일 저녁 7시에서 10시 사이에 한 일을 사실대로 말하거나 거짓으로 말하는 내용이었다. 시간 순서대로 말하거나 시간 역순으로 말하기도 했다.

거짓을 말하는 상황은 그럴싸한 거짓말을 생각해내야 하고 그 내용도 기억해야 하기 때문에 진실을 말하는 것보다 더 많은 인지적 노력이 필요하다. 마찬가지로 시간 순서대로 말하는 것보다 역순으로 말하는 것에 더 많은 인지적 노력을 기울여야 한다.

연구팀은 PBCAT를 배워서 거짓말하는 사람들을 구별할 수 있는 학생들과 그렇지 않은 학생들에게 이 비디오를 보여주며 누가 진실을 말하고 있고 누가 거짓을 말하고 있는지 평가하게 했다.

실험 결과 PBCAT로 트레이닝을 받은 학생들이 훨씬 정확하게 거짓말을 하고 있는 사람들을 구별해낼 수 있었다. 또한, 시간 역순으로 거짓말하며 상황을 설명하는 경우 더 쉽게 구별해냈다.

살다 보면 누구나 선의의 거짓말을 몇 번쯤 할 수는 있다. 하지만 불필요한 거짓말을 입에 달고 사는 사람들도 분명히 존재한다. PBCAT 항목을 기억해두면 조금 더 쉽게 우리 주위의 거짓말쟁이들을 구별해낼 수 있지 않을까?

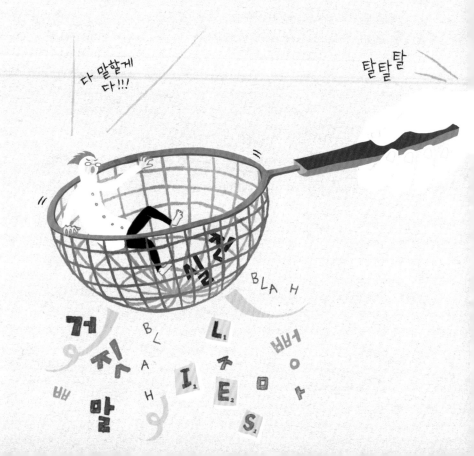

닮음과 끌림 _ 카멜레온 효과

대학생인 A는 최근 재미있는 사실을 발견했다. 단짝 친구 세 명과 항상 붙
어 다니는데 언젠가부터 세 명의 말투며 습관들이 서로 닮아가고 있었던
것이다. 좋을 때 쓰는 표현, 기분 나쁠 때 쓰는 표현부터 자주 짓는 표정, 수
다 떨 때 턱을 괴고 있는 모습까지 완전 판박이다. 그런 모습이 보일 때마
다 기분이 묘하기도 하고, 웃음이 나오기도 한다.

●●●

친구와 이야기를 나누고 있다가 친구가 몸을 앞쪽으로 기울이면 자신도 그렇게 해본 적이 있는가? 내가 팔짱을 끼자 친구도 뒤따라서 팔짱을 끼는 모습을 본 적은? 친밀한 관계에 있는 사람들일수록 비슷한 행동이나 말투 등을 사용하게 되는데 자신도 모르는 사이 상대의 모습을 따라 하고 모방하기도 한다.

이런 모습을 카멜레온 효과Chameleon Effect라고 하는데 비슷한 행동을 보임으로써 서로에 대한 호감도에도 적지 않은 영향을 미칠 수 있다고 한다.

카멜레온 효과를 잘 보여준 유명한 실험으로 미국의 심리학자 타냐 차트란드Tanya Chartrand와 존 바르John Bargh의 실험이 있다.9) 이 실험에서 총 78명의 실험 참가자들은 실험 진행자들과 일대일로 대화를 나누게 된다. 첫 번째 실험에서 절반의 참가자들은 진행자가 특별한 행동을 보이지 않는 상황이었고, 나머지 절반은 진행자가 의도적으로 더 자주 웃거나 얼굴을 많이 만진다든지 다리를 떠는 모습을 보이는 상황이었다. 실험 결과, 진행자가 얼굴을 만진 경우 참가자 또한 얼굴을 만질 확률이 20% 정도 증가했고, 진행자가 다리를 떤 경우 참가자도 역시 다리를 떨 확률이 50% 정도 증가했다고 한다. 대화를 하며 단순히 어떤 행동을 보이는 것만으로 쉽게 상대방으로부터 같은 행동을 이끌어냈던 것이다.

두 번째 실험에서는 반대로 진행자가 참가자들의 행동을 따라 했다. 예를 들어, 참가자가 다리를 꼬거나 머리를 만지면 진행자도 같은 행동을 보였다. 나머지 절반은 진행자가 아무런 행동도 하지 않았다. 대화가 끝난 뒤, 진행자에 대한 호감도와 둘 사이에 나눈 대화의 질을 1부터 9까지의 점수로 채점하게 하였다. 실험 결과, 진행자가 참가자의 행동을 따라 한 경우, 더 높은 호감도로 평가받았다고 한다. 대화 자체의 질 또한 높게 평가받았다. 원래 알고 지내던 사이가 아니었음에도 불구하고 단순히 행동을 모방했다는 사실만으로 호감도가 상승한 것이다.

이런 현상을 단순히 미러링Mirroring이라고 하는데, 우리 뇌에 미러 뉴런 Mirror Neuron이라는 신경 세포가 있어서 우리가 특정한 행동을 하거나 같은 행동을 하는 타인을 볼 때 활성화된다.[10] 남이 웃을 때 함께 웃는 것이 가장 흔한 예인데, 우리의 뇌는 웃음소리를 들으면 같이 웃을 수 있도록 얼

굴 근육을 준비시킨다고 한다. 새나 원숭이 같은 다른 동물에서도 미러 뉴런이 발견되긴 하지만, 움직임을 담당하는 뇌의 영역에 주로 위치해서 단순히 다른 동물의 행동을 모방하는 데 그친다. 반면에 뇌의 다양한 영역에 미러 뉴런이 퍼져있는 인간의 경우 행동을 넘어 감정까지도 모방할 수 있게 되는 것이다. 또 행동 모방을 통해 다양한 학습을 할 수도 있으며, 상대방의 마음에 공감함으로써 사회적 동물이 된다.

사회 적응에 심각한 문제를 보이는 자폐증의 경우, 미러 뉴런의 활동이 거의 없는 모습이 발견된다고 한다. 아직 정확한 상관관계가 밝혀지지 않았지만, 인간에게 있어 미러 뉴런이 얼마나 중요한 역할을 하는지 보여주는 대목이다.

모방은 인간이 살아남기 위한 원초적인 생존 도구이기도 하고, 사회 속에서 사람들과 교감하며 공존하기 위한 사회적인 생존 도구이기도 하다. 카멜레온이 몸 색깔을 바꾸며 살아가듯, 우리도 그렇게 세상을 살아가는 것은 아닐까?

옷이 나의 하루를 좌우한다 _ 옷차림의 영향

직장인 C는 옷차림에 신경을 많이 쓴다. 출근할 때는 최대한 전문적으로
보일 수 있는 정장을 입고, 거래처에 갈 때는 좀 더 따뜻하고 친근한 느낌
의 옷을 입으려 한다. 주말에 친구들을 만날 땐 주로 편한 트레이닝복을 입
는데, 어떤 옷을 입느냐에 따라 자신의 행동이 크게 달라진다는 사실을 최
근 발견했다. 말끔한 정장을 입고 있을 때는 당당한 표정으로 반듯하게 길
을 걷지만 트레이닝복을 입으면 걸음걸이가 껄렁껄렁해졌던 것이다.

오늘은 뭐입지?

•••

의식주는 우리가 살아가는 데 꼭 필요한 것이다. 그중에서도 옷이 첫 번째로 오는데, 그만큼 우리의 생활에서 차지하는 비중이 크다. 내가 어떤 옷을 입었느냐에 따라 행동이 확연히 달라지기도 하고, 옷차림새만 보고 다른 사람들에 대한 평가를 내리기도 한다. 이렇게 옷차림은 우리가 어떻게 세상과 타인들을 바라보고 그 속에서 상호작용을 해나가는지에 아주 큰 영향을 미친다.

아담 갈린스키Adam Galinsky는 사람들이 흰색 코트를 입었을 때 지적 능력이 소폭 향상된다는 흥미로운 사실을 발견했다.[11] 여기서 중요한 점은 옷을 입은 사람이 흰색 코트를 의사의 가운과 동일시해야 한다는 점인데, 화가가 입는 흰색 옷과 동일시했을 때는 지적 능력의 변화가 없었기 때문이다. 이런 현상을 복식 효과Enclothed Cognition라고 부르는데, 체화된 인지Embodied Cognition의 한 종류다. 여기서 체화된 인지란, 말 그대로 뇌로만 생각하는 것이 아니라 몸으로도 함께 생각하게 되는 것을 말한다.

체화된 인지의 다른 예를 몇 가지 더 살펴보자. 따뜻한 음료를 손에 쥐고 있을 때 만난 사람은 같은 사람이라도 좀 더 따뜻한 사람이라고 평가하고, 반대로 차가운 음료를 쥔 상태에서 마주친 사람은 좀 더 냉철한 사람이라고 평가하기 쉽다. 사람들은 무거운 짐을 더 중요한 것으로 생각하기도 한다. 여성 구직자가 면접을 볼 때 여성적인 느낌이 덜한 중성적인 느낌의 옷을 입었을 때 고용될 가능성이 여성미가 강조된 옷을 입었을 때보다 높은 경향이 있고, 교수가 캐쥬얼한 옷을 입고 수업을 할 때보다 정장을 입었을 때 지적 능력을 더 높게 평가받을 수 있다. 이런 것들이 다양한 연구에서 밝혀진 체화된 인지의 사례다.

다시 흰색 코트 실험으로 돌아가자. 58명의 대학생이 흰색 코트 또는 일상복을 입는 실험에 무작위로 배정되었다. 그리고는 여러 대상 중 하나에만 주의를 집중하는 선택적 주의력Selective Attention을 평가했는데 일상복을 입은 학생들이 흰색 코트를 입은 학생들보다 두 배에 가까운 오류를 범했다.

그다음 실험에 참가한 74명의 학생은 의사 가운을 입거나, 화가 가운을 입거나, 의사 가운을 단지 바라만 보는 세 가지의 실험에 무작위로 배정받았다. 그리고는 특정 자극에 대해 주의력을 유지하는 지속적 주의력Sustained Attention을 테스트했다. 실험에 주어진 의사 가운과 화가 가운은 실제로 지칭만 다르게 했을 뿐 같은 옷이었는데, 의사 가운을 입었다고 생각한 학생들이 훨씬 우수한 인지 능력을 보였다. 화가 가운을 입었다고 생각한 학생들은 의사 가운을 보기만 한 학생들과 큰 차이점이 없었다.

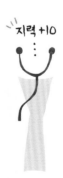

지력 +10

어떤 옷을 입었느냐에 따라 인지적인 과제를 수행하는 것에까지 현저한 차이가 나타난 것이다.

이런 모습은 바바라 프레드릭슨Barbara Fredrickson의 실험에서도 나타나는데, 시험을 치르는 여학생들에게 수영복을 입게 했을 때와 스웨터를 입게 했을 때의 성적을 비교한 결과 신체가 많이 드러나는 수영복을 입었을 때가 시험 성적이 현저히 낮았다.[12] 누군가 자기 몸을 평가하는 것 같아 신경 쓰이면서 주어진 과제를 제대로 수행하지 못했던 것이다. 신기하게도 남학생들에게서는 이런 모습이 관찰되지 않았다고 한다.

카렌 파인Karen Pine은 슈퍼맨 같은 히어로가 그려진 옷이 학생들에게 무의식적으로 어떤 영향을 끼칠 수 있는지에 대한 흥미로운 실험을 했다.[13] 슈퍼맨 티셔츠를 입은 학생들과 그렇지 않은 학생들을 대상으로 설문 조사한 결과, 슈퍼맨 티셔츠를 입은 학생들이 자기 자신에게 더 호감을 갖고 자신을 남들보다 우월하게 평가했다고 한다. 단순히 히어로가 그려진 티셔츠를 입음으로써 자존감이 향상된 것이다.

어떤 옷을 입었느냐에 따라 달라지는 자신의 모습을 본 적이
있는가? 옷차림새로 다른 사람들을 판단한 적은 있는가? 얼
마나 되는가?

누군가 지켜보고 있다 _ 감시자 효과 & 방관자 효과

고등학생 자녀를 둔 주부 D는 아이의 학습 태도 때문에 고민이다. 알아서 하겠지 하고 혼자 공부하도록 두었는데, 자기 방에서 계속 딴짓만 하고 숙제도 제대로 하지 않았다는 것을 최근에서야 알게 되었다. 그 이후로는 아이가 방에서 공부할 때면 등 뒤에 앉아 감시하기 시작했다. 늦은 새벽까지 지키고 있어야 해서 무척 피곤하지만, 그만두자니 아이가 또 딴짓을 할 거 같아 포기할 수도 없는 노릇이다.

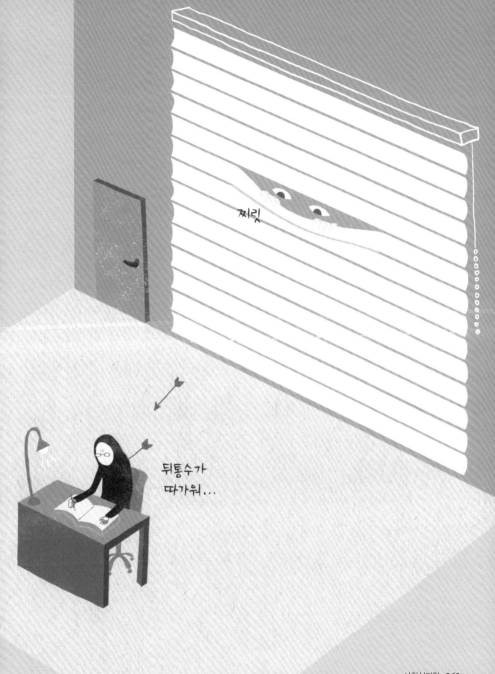

찌릿

뒤통수가
따가워...

•••

누군가 나를 지켜보고 있을 때와 그렇지 않을 때 행동에 변화가 생기는 것은 어쩌면 당연한 일일지도 모른다. 누군가 지켜보고 있을 때 더 바람직한 방향으로 행동하는 것을 감시자 효과Observer Effect라고 하는데 산업 심리학에서 호손 효과Hawthorne effect로 알려진 것이 그 시초이다.

1920년대, 미국의 호손이라는 전기 회사에서 생산력에 대한 한 가지 실험을 진행했다.[14] 작업 현장의 조명 밝기가 변함에 따라 제품 생산력이 어떻게 변하는지를 비교한 것이다.

조명이 밝아짐에 따라 제품의 생산력이 향상될 것으로 예상했던 실험 진행자들은 결과를 보고 패닉에 빠졌다. 조명이 밝든 어둡든 관계없이 직원들의 생산력이 향상됐기 때문이다. 중요한 것은 조명의 밝기가 아니었다. 직원들은 이런 실험이 진행된다는 것을 이미 알고 있었기 때문에, 그 사실만으로 생산력이 향상됐던 것이다. 실험이 끝나자마자 생산력은 급격하게 저하되었다.

우리나라에서도 이런 감시자 효과를 실험 해본 사례가 있다.[15] 건널목이 없는 강남의 한 거리에서 얼마나 많은 사람들이 무단 횡단을 하는지 세어보았는데 조금만 가면 건널목이

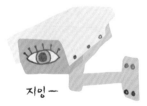

지잉 —

있는데도 5분 동안 총 81명이 무단 횡단을 하였다. 곧이어, 실험 진행자가

'무단 횡단에 대한 사회학적 조사 중'이라는 표지판을 들고 왔다 갔다 하기 시작했다. 그것을 보고도 여전히 무심하게 길을 건너가는 사람들도 있었지만, 같은 5분 동안 24명이 무단 횡단을 하는 데 그쳐 앞의 상황과 차이를 보였다.

반대로 방관자 효과Bystander Effect라고 불리는 현상은 주변에 다른 사람들이 있으면 도움이 필요한 사람을 돕지 않게 되는 현상을 뜻한다. 주변에 사람이 많을수록 도움을 줄 확률은 더욱 감소한다.

1964년, 뉴욕에 사는 한 여성이 자신의 집 주위에서 처참히 살해된 일이 있었는데, 대표적인 방관자 효과 중 하나다.[16] 38명의 이웃이 그 장면을 목격하고 비명 소리를 들었지만, 아무도 도움을 주거나 경찰에 신고하지 않았던 충격적인 사건이었다. 여성을 충분히 구해낼 시간이 있었음에도 불구하고 목격자들은 '나 아닌 누군가가 도와주겠지.', '그냥 연인들이 다투는 것이겠지.'라는 생각으로 직접적인 개입을 하지 않았던 것이다.

사건 이후, 존 달리John Darley와 빕 라테인Bibb Latané은 한 실험을 계획했다.[17] 실험 참가자들이 실험실에 혼자 있거나 다른 사람들과 함께 있는 상황에서 응급 상황을 발생시키고, 참가자들이 그 상황을 해결하기 위해 어떤 행동을 취하기까지의 시간을 측정했다.

혼자 있던 참가자들의 경우 70%가 위험에 처한 사람을 직접 돕거나 다른 사람들에게 도움을 요청했지만 다른 사람들과 함께 있는 경우에는 오직 40%만이 행동에 나섰다. 뉴욕의 사건과 마찬가지로 여러 사람이 함께 있는 경우 돕는 행위가 현저하게 감소했던 것이다.

그렇다면 만약 자신이 위험에 처했을 때는 어떻게 해야 할까? 다른 사람의 도움을 받으려면 최대한 자신의 상황을 구체적으로 설명하고 많은 사람 중 한 명을 구체적으로 지목하여 어떻게 도와주었으면 하는지 말해야 한다고 한다. "검정 티셔츠 입으신 분, 지금 제가 위험합니다. 경찰을 좀 불러주세요."라는 식으로 말이다.

남이 볼 때만 바르게 행동하고 아무도 보지 않는다고 양심에 부끄러운 일을 한 적이 있는가? '나 아닌 다른 누군가가 나서서 하겠지, 나 하나쯤 하지 않는다고 무슨 큰일 있겠어?'라는 마음으로 도움이 필요한 사람을 모르는 척하진 않았는가?

사람살려ㅡ!

꼬르르륵

저벅

저벅

저벅

제7장

지금 당장
행복해지고 싶다면

긍정심리학

행복을 즐겨야 할 시간은 지금이다.
행복을 즐겨야 할 장소는 여기다.
– 로버트 인젠솔(Rober Green Ingersoll)

돈이 많다고 행복한 건 아니다 _ 행복에 대한 고찰

삼십 대에 갓 접어든 M은 요즘 모든 일에 심드렁하다. 이십 대엔 그렇게
즐기던 음식도 별맛이 없고, 쇼핑도 피곤하기만 하고, 사람을 만나는 것도
재미가 없다. 싱글이라서 그런 건가, 삼십 대라는 나이가 주는 우울함일까,
어떻게 하면 행복해질 수 있을까 고민만 꼬리에 꼬리를 문다.

스마 —일 ♡

●●●

심리학의 세부 분야 중 하나인 긍정심리학은 정신적인 불안감과 질환을 주로 다루던 전통적인 심리학과는 달리 삶의 질에 대해 연구하는 분야다. 기본적인 의식주 욕구에서 벗어난 현대인들이 어떻게 하면 더 행복하고 만족스럽게 살 수 있을까를 연구하기 시작하면서 최근 들어 더 주목받고 있다. 몇 가지 연구 사례를 보며 행복의 특징에 대해 알아보자.

행복감은 나이가 들어감에 따라 전반적으로 증가한다. 하지만 중년의 위기라는 말이 있듯 40대와 50대의 행복감은 예외라고 한다.[1] 20대와 70대의 행복감이 오히려 중년의 행복감보다 더 크다는 뜻인데, 50대가 넘으면 인생에서의 큰 걱정거리가 급격히 간소하고 20대 이후로 점점 줄어들던 즐거움도 다시 나타나기 때문이다.

성별에 따라서도 행복감은 약간 차이를 보인다.[2] 여자들은 자존감과 대인 관계, 그리고 종교 생활 등에 대한 만족감이 높을수록 행복하다고 생각

하고, 남자들은 자존감과 여가 활동, 통제력 등에 대한 만족감이 높을수록 행복하다고 생각한다. 이런 차이 때문에 남녀 간에 행복을 표현하는 상황이 다르지만, 행복감의 크기에는 별로 차이가 없다고 한다. 그런데 행복감이 높은 시기는 다르다.[3] 여자들은 인생 초기에 더 행복한 경향을 보이는데, 이 시기에 사랑하는 사람을 만나 결혼하고 행복한 가정을 꾸리는 등 삶

의 목표 중 많은 부분을 충족시킬 수 있기 때문이다. 반면, 남자들의 행복감은 인생 후기에 더 높은 모습을 보인다. 경제적으로도 안정되면 비로소 남자들의 행복감이 정점에 다다르는 것이다.

돈이 많으면 행복할까? 연구에 의하면 부가 가져오는 행복에 대해 사람들은 과대평가하고 있다고 한다.[4] 물론 경제적으로 너무 힘든 사람들에게는 돈이 행복감을 상당히 높여줄 수 있다. 하지만 어느 정도 적절한 수입이 있는 사람들에게는 그 이상의 부가 삶의 질을 높여줄 수는 있을지언정 더 큰 행복감을 보장해주지는 않는다. 연간 수입 75,000달러(약 8,400만 원)가 그 경계선이라는 미국의 한 연구도 있다. 하지만 GDP가 높은 국가가 전반적인 삶의 만족감과 행복감이 높다는 사실은 무시할 수 없다.

결혼은 어떨까? 결혼한 사람들은 싱글인 사람들보다 행복감이 높은 편이다.[5] 자신의 행복과 배우자의 행복이 매우 밀접한 관계를 이루고 있어서, 배우자가 힘들면 행복감이 크게 저하되고 배우자의 기쁘면 행복감이 상승한다. 한편, 독일에서 행해진 한 실험에서는 결혼한 사람과 싱글인 사람의 행복감에 차이가 없다고 밝히기도 했다.[6]

우리는 흔히 날씨가 흐리면 행복감이 낮을 거라고 생각한다. 하지만 여러 연구에 따르면 날씨가 행복감을 좌우하지는 않는다고 한다. 날씨가 화창하기로 유명한 미국 캘리포니아의 사람들과 그렇지 않은 중서부 사람들의 행복감을 비교한 결과 의미 있는 차이를 찾지 못한 실험 사례도 있다.[7] 실제로 하루에 30분 정도만 햇빛을 보면 충분하다고 전해진다.

쇼핑이나 음식을 먹는 행동은 아주 일시적인 행복감만 만들어내는 반면에, 긍정적인 마음은 신체나 정신적으로도 좋고 맡은 일을 더 잘 해내게 하여 지속적인 행복감을 준다고 한다.

마음을 다치는 일 _ 감정적 고통의 근원

최근 큰 사고로 사랑하는 가족을 떠나보낸 R은 그 일을 생각할 때마다 가슴이 찢어질 것처럼 아프다. 아니, 가슴이 찢어진다는 말로도 다 표현이 안 될 만큼 슬프다. 마음이 아프다며 가슴에 빨간약을 바르던 드라마 속 배우처럼 R의 가슴에도 약이 필요한 것 같다.

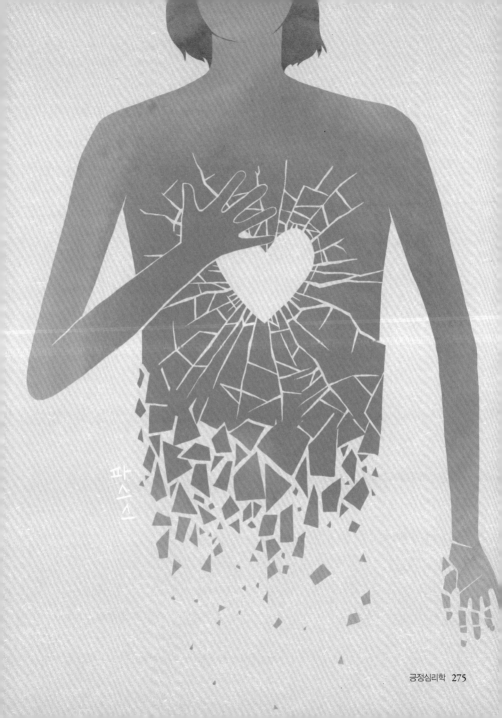

파스칼

마음을 다치는 일은 신체 어딘가를 다치는 일만큼이나 아프고 힘든 일이다. 그럴 때면 "가슴이 미어진다.", "가슴이 찢어진다.", "심장에 구멍이 난 것 같다." 라고 표현하곤 하는데, 실제로 감정적으로 아픈 경험은 신체적으로 아플 때와 같은 부위의 뇌가 활성화된다고 한다.[8] 전측뇌섬엽Anterior Insula과 전측대상회Anterior Cingulate라는 부위인데, 또래 집단으로부터 따돌림을 당하는 등의 사회적 거절Social Rejection을 겪었을 때나 이별한 지 얼마 안 되는 사람들에게 헤어진 연인의 사진을 보여줬을 때 그 영역들이 활성화된다는 것이다.

이렇게 신체적인 고통과 감정적인 고통이 비슷한 뇌의 신경 작용을 가지고 온다면 몸이 아플 때 먹는 약을 마음이 아플 때 먹어도 되는 것일까? 다소 엉뚱한 이런 생각을 직접 실험한 사례가 있다.[9] 최근에 사회적 거절을 경험한 사람들을 두 그룹으로 나누어 한 그룹은 타이레놀Tylenol의 주성분인 아세트아미노펜Acetaminophen을, 다른 그룹은 아무런 효과가 없는 가짜 약을 3주 동안 먹게 했다.

그 결과 아세트아미토펜을 복용한 사람들이 약을 먹는 동안 감정적인 고통을 덜 호소했다고 한다. 3주가 지난 후 뇌를 스캔해본 결과, 아세트아미노펜을 복용한 사람들의 뇌에서는 전측뇌섬엽과 전측대상회 영역이 덜 활성화되었다고 한다. (연구 결과가 그렇다고 해서 마음의 상처를 입은 환자에게 타이레놀을 처방할 의사는 없을 것이다.) 진화론적인 관점에서 봤을 때 우리의 신경계가 신체적인 고통과 감정적인 고통을 같은 방식으로 처리하는 것은 경제적인 방식이라고 볼 수 있다.

어떻게 보면 고통은 항상 신체적인 면과 감정적인 면을 동반하는 것 같다. 책을 실수로 발등에 떨어뜨리기라도 하면 발이 아픈 느낌은 물론이며 짜증이 확 나는 것처럼 말이다. 발을 다쳤을 때 우리는 발이 아프다는 사실을 명확히 안다. 그렇다면 마음이 다쳤을 때는 어디가 아픈 것일까? 흔히 표현하듯이 감정적인 고통은 심장과 관련 있을까? 전문가들에 따르면 그렇다고 한다.

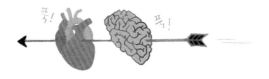

우리는 사랑하는 사람들을 의지하며 안정감을 얻는다. 그 안정감을 조절하는 뇌의 영역이 우리를 편히 숨 쉬게 도와주고 심장 박동수를 조절하기도 한다. 이 때문에 불안정함은 우리의 호흡과 심장 박동에 나쁜 영향을 미치고, 더 나아가서는 가슴의 통증까지도 유발할 수 있다. 불안한 상태가 계속되는 커플이 건강한 관계를 유지하는 커플보다 심장계 질환에 걸릴

확률도 더 높다고 하니, 신체적인 아픔보다 감정적인 아픔이 훨씬 무서운 것이다.[10]

몸이 아파 입원하면 주위에서 병문안도 오고 위로해주지만, 감정적인 아픔은 어디 그런가. 가족이나 친구로부터도 공감을 얻기 어려우니 극복하기가 훨씬 더 어려울 수 있다. 또 신체적인 아픔은 시간이 지나면 그렇게 큰 고통을 수반하지 않지만, 감정적인 아픔은 시간이 꽤 흐른 후에도 마음에 남아있다가 때때로 예전의 아픈 감정을 되살려내곤 한다.

마음이 너무 힘들다며 나 좀 도와달라고 내미는 손길을 외면한 적은 없었을까? 그런 사람에게 따뜻한 말과 관심을 전달하는 것이 어쩌면 몸 아픈 사람을 병문안하는 것보다 더 중요한 것 아닐까?

긍정심리학 03

출퇴근, 피할 수 없다면 즐겨라 _ 출퇴근 스트레스 연구

직장인 L은 매일 아침저녁 정확히 두 시간을 길 위에서 허비한다. 회사가 위치한 도심 주위에서는 집을 구할 엄두도 못 내기 때문이다. 대중교통을 이용하면 버스와 지하철을 갈아타며 가야 하는데 사람들 속에 파묻혀 숨도 제대로 못 쉴 것 같다. 그래서 보통은 자가용으로 출퇴근하는데 꽉 막힌 도로에서 그냥 멍하니 있을 때가 많다. 직장을 그만둘 수도 없고 이사할 형편은 안 되고 앞으로도 오랫동안 이렇게 살아야 한다고 생각하면 정말 끔찍하다.

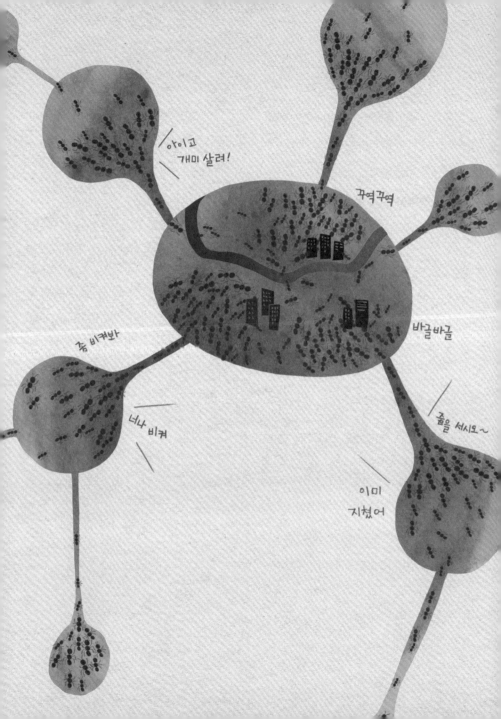

2010년 우리나라 직장인들의 평균 통근 시간(집에서 직장까지 통행하는 데 걸리는 시간)을 살펴보면 45분 이내로 걸리는 직장인이 약 80%로 대부분을 차지하지만 한 시간 이상 소요되는 직장인들도 약 15%에 육박했다.[11] 서울만 살펴보면 한 시간 이상 걸리는 직장인이 거의 25%에 달한다. 약 4명 중 1명의 직장인이 아침마다 한 시간 이상을 거리에서 낭비하는 것이다. 더 좋은 직장, 더 나은 연봉을 위해 그런 시간을 감수하고 있는데, 과연 그렇게 해서 우리는 행복해질 수 있을까?

　　캐나다의 한 대학에서 실시한 조사에서 출퇴근 시간과 삶의 만족도의 관계에 대해 살펴봤다.[12] 결론부터 말하면, 출퇴근 시간이 길수록 삶의 만족도가 낮았다. 출퇴근 시간은 누구라도 압박감을 가지기 마련인데, 거리에서 시간을 오래 보내면 급한 기분을 계속 느끼게 되고 이는 곧 스트레스와 연결된다. 이동하는 시간 내내 스트레스를 경험하는 것이다. 특히, 교통 체증이 스트레스를 더욱더 가중시키는 중요한 요인이다. 헬스, 산책 등의 다른 신체적인 활동을 하지 않는 사람일수록, 업무 일정이 유연하지 않을수록, 연봉이 낮을수록, 가정을 꾸리고 있을수록 출퇴근 시간에 따른 스트레스가 더 높게 나타났다.

출퇴근 스트레스는 다른 신체적, 정신적 질병으로도 자연스레 연결된다. 2012년에 발표된 연구에 따르면 출퇴근 시간이 길어질수록 심혈관이나 신진대사와 관련된 질병의 발병률이 높아진다고 한다.[13] 비만과 고혈압의 위험도 항상 안고 있다. 자가용을 이용하든 대중교통을 이용하든 큰 차이는 없었다고 한다.

출퇴근 시간이 길면 다른 사회적인 활동을 일정 부분 포기할 수밖에 없다.[14] 친구들과 보내는 시간이 적을 뿐만 아니라 자녀들의 운동회, 가족 행사 등 중요한 일도 놓칠 확률이 높아진다. 이는 역시 스트레스와 삶에 대한 불만족으로 이어진다.

그렇다면 출퇴근이 오래 걸리는 사람들은 모두 행복을 포기하고 살아야 할까? 꼭 그렇지는 않다. 긴 출퇴근 시간 속에서도 충분히 이익을 얻을 수 있다고 여러 연구에서 밝히고 있다.

중요한 것은 그 시간을 일의 연장선으로 생각하지 않는 것이다.[15] 일이나 다른 여러 가지 책임에서 벗어날 수 있는 휴식시간으로 인식하는 것이 가장 우선이며, 그 시간에 좋아하는 밴드의 음악을 듣거나 경치를 감상하거나 혼자만의 사색 시간을 가져도 좋다.

당신의 출퇴근길이 달라지는 건 당신에게 달렸다.

직장을 집 근처로 옮길 수도 집을 직장 근처로 옮길 수도 없
다면 우리가 할 수 있는 일은 출퇴근 시간을 대하는 우리의
태도를 바꾸는 일밖에 없다. 출퇴근 시간을 오롯이 자신을
위한 시간이라는 생각으로 긍정적으로 활용해보는 것은 어
떨까?

독서삼매경

최신곡
따라잡기

자격층 강의

팟 캐

스트레스에 대처하는 우리의 자세
_스트레스와 죽음의 연관성

요즘 들어 여기저기 안 아픈 곳이 없는 직장인 H는 점심시간이면 병원 다니기에 바쁘다. 소화가 잘 안 되고 속이 더부룩한 것도, 좀처럼 사그라지지 않는 얼굴의 여드름도 모두 스트레스가 원인이라고 한다. 그 말에 다시 한번 스트레스를 받은 H는 이 악순환을 어떻게 끊을 수 있을지 답답하기만 하다.

• • •

스트레스, 스트레스, 스트레스…, 현대인들은 말끝마다 스트레스란 말을 입에 붙이고 산다. 우리나라 사람들이 자주 사용하는 외래어 중 1위가 스트레스라는 것을 알고 있는가? 모든 병의 근원으로 여겨지며 공공의 적이 된 스트레스. 과연 스트레스를 최대한 멀리하는 것이 정답일까?

1998년, 미국에서 약 3만 명을 대상으로 스트레스와 건강 간의 상관관계를 조사했다.16) "작년 한 해 동안 얼마나 많은 스트레스를 받으셨습니까?", "스트레스가 건강에 해롭다는 사실을 믿으십니까?"라고 질문했고, 그로부터 8년이 흐른 후에 응답자들의 사망률을 조사했다. 익히 예상되다시피, 작년에 스트레스를 많이 받았다고 응답한 사람들이 그렇지 않은 사람들보다 사망한 확률이 43%나 높았다. 하지만 여기서 주목해야 할 점은 스트레스가 건강에 해롭다고 믿었던 사람들에게만 이런 경향이 나타났다는 것이다. 스트레스를 많이 받았더라도 스트레스가 건강에 크게 해롭지 않다고 믿은 사람들은 사망률에 차이가 없었다. 오히려 이런 사람들이 가장 낮은 사망률을 보여줬다고 한다. 스트레스를 많이 받지 않았다고 응답한 사람들보다 말이다. 연구팀은 조사를 진행했던 8년 동안 약 18만 명이 스트레스 때문이 아니라 스트레스에 대한 부정적인 믿음 때문에 죽음에 이르렀다고 추정했다. 추정 결과가 맞는다면 스트레스에 대한 믿음이 피부암, 에이즈, 살인보다 더 많은 사람을 죽음으로 몰고 간 이유가 된다고 한다.

터덜터덜

축...

스트레스로부터 완전히 자유로울 수 없다면 그런 믿음을 바꾸는 것이 더 건강에 도움되지 않을까? 이런 견해에 대해 전문가들은 "그렇다."라고 답한다. 단순히 스트레스에 대한 생각을 바꿈으로써 스트레스에 대처하는 우리 몸의 반응도 바꿀 수 있다는 것이다.

예를 들어 **사회적 스트레스 테스트**Social Stress Test라 불리는 한 실험에 당신이 참가한다고 가정해보자. 무표정한 평가단을 앞에 둔 당신은 즉석에서 5분 동안 자신의 단점을 이야기해야 한다. 낯선 환경에 준비도 되지 않은 상황에서 자신에 관해 이야기해야 한다니 상당히 스트레스를 받는 상황이다. 심장은 쿵쾅거리기 시작하고 숨도 약간 가빠지고 식은땀이 날 것이다. 우리는 이런 몸의 변화를 흔히 불안감의 신호로 해석한다. 하지만 반대로 이런 몸의 변화를 주어진 임무를 잘 수행해내기 위한 도전적인 준비 상태라고 해석하면 어떨까?

하버드 대학 연구진은 이런 믿음의 차이가 어떤 결과를 가져오는지 실험했다.[17] 먼저 실험에 앞서, 참가자들에게 '심장이 빨리 뛰는 것은 행동을 준비하기 위한 것이고, 숨이 가빠지는 것은 뇌에 더 많은 산소를 공급하기 위한 것이다.'라고 교육했다. 실제로 이런 교육을 받은 참가자들은 사회적 스트레스 테스트에서 덜 불안해했고 자신감을 보였다. 차이는 심리적인 면뿐만 아니라 신체적으로도 나타났다. 스트레스를 받는 상황에서는 실제로 심장이 빨리 뛰고 혈관이 수축되는데, 스트레스를 더 이상 부정적으로 생각하지 않게 된 사람들은 심장이 빨리 뛰기는 해도 혈관이 수축되는 현상까지는 보이지 않았다. 이런 신체적인 반응은 기쁠 때 나타나는 모습과 더 흡사했다고 한다. 작은 믿음의 차이가 스트레스로 50대에 생을 마감하게 할 수도 있고, 같은 스트레스를 받고도 90대까지 오래 살게도 하는 것이다.

한편, 스트레스는 우리를 좀 더 사교적으로 만들 수도 있다. 뇌하수체는 스트레스를 받는 상황에서 옥시토신Oxytocin이라는 호르몬을 분비한다. 다른 사람을 포옹할 때도 분비되어 '허그 호르몬'이라고도 불리는 옥시토신은 사람들을 좀 더 공감하고 지지할 수 있게 해주고, 소중한 사람들과 함께하고 싶게 해준다.

이렇듯 긍정적인 교류를 이끌어내는 옥시토신이 역으로 스트레스를 줄여줄 수 있을까? 이를 간접적으로 확인해볼 수 있는 한 실험이있다. 34살부터 93살까지의 미국인 천 명을 대상으로 한 연구에서 작년 한 해 동안 얼마나 많은 스트레스를 받았는지와 한 해 동안 주변 사람들에게 도움을 준 일이 있었는지를 물었다.[18] 5년이 흐른 뒤 응답자들의 사망률을 조사한 결과, 스트레스를 받은 사람들의 사망률이 그렇지 않은 사람들보다 약 30% 정도 높았지만, 사람들과 긍정적인 교류를 나눴던 사람들의 경우에는 스트레스와 죽음 간의 상관관계가 나오지 않았다고 한다. 긍정적인 교류가 스트레스 완화에 큰 도움이 된 것이다.

스트레스라는 녀석을 아예 안 보고 살 수 없다면
적으로 두는 것보단 친구로 두는 것이 더 현명하지 않을까?

긍정심리학 05

하루 5분으로 남은 50년을 바꾸는 방법
_ 셀프 최면

최근 명상 교실에 다니기 시작한 직장인 T는 일주일에 한 번 하는 명상 수업이 매우 만족스럽다. 은은한 조명과 향기에 취해 눈을 감고 마음속을 비우면 모든 근심 걱정이 사라지는 것 같아서, 집에서 할 수 있는 셀프 최면에도 도전해볼까 생각 중이다.

• • •

　우리는 흔히 '최면'이라고 하면 기억나지 않는 과거나 전생으로 되돌아가는 것을 많이 떠올리지만, 알레르기 치료부터 체중 감량까지 다양한 분야에서 치료의 수단으로 이용되고 있다. 우리에게 이런 최면 치료가 익숙하지 않고 시간이나 경제적 여건으로 접하기 어려운 현실이지만, 간단한 셀프 최면만으로도 우리의 생활에 긍정적인 변화를 일으킬 수 있다고 하니, 자세히 한번 살펴보자.

　셀프 최면은 무엇인가? '나는 이 뱃살들을 절대 빼지 못할 거야.', '나는 사람들 앞에서 당당하게 말할 수 없어.', '날 사랑해주는 사람을 만날 수 있을까?' 등 부정적으로만 생각하다 보면 그 생각이 마치 테이프를 틀어놓은 것처럼 무의식적으로 계속 우리에게 영향을 미칠 수 있다. 이런 부정적인 생각을 긍정적인 생각으로 바꿔주는 것이 셀프 최면의 핵심이다.

　필요한 준비물은 잠깐의 시간과 조용한 장소뿐이다.[19] 자신이 가장 편안하거나 좋아하는 장소를 고르면 되는데 누군가에게는 그 장소가 화장실일지도 모르겠다. 장소를 골랐다면 5분에서 10분 동안은 아무런 방해 없이 철저히 혼자가 되는 시간을 가져보자. 핸드폰도 잠시 치워놓고 같이 사는 누군가가 있다면 미리 알려서 방해받지 않도록 한다.

　이제 본인의 목표를 떠올릴 시간이다. '나는 건강에 좋은 음식을 많이 먹고 운동도 꾸준히 해서 균형 잡힌 예쁜 몸매를 가지고 있지.', '담배를 끊

고 나니 내 몸에서 좋은 냄새가 나는 것 같아.'와 같
이 긍정적으로 생각하는 것인데, 여기서 중요한 점
은 '~할 거야.'라는 미래형 문장이 아닌 현재형 문장
으로 목표를 그리는 것이다. 목표가 이루어진 것처
럼 그 기분을 느껴본다. 꼭 생생한 이미지를 떠올려
야 할 필요는 없다. 시각적인 감각이 뛰어난 사람도
있지만 촉각이나 청각이 더 뛰어난 사람도 있으니

어느 감각이든 자신이 그리는 상황을 말 그대로 느끼면 되는 것이다. 이런
식으로 짧게는 5분 길게는 10분 정도의 시간 동안 자신이 생각하는 새로운
자신의 모습을 눈을 감고 느껴본다.

하나 기억해야 할 점은 이 일을 반복적으로 해주어야 한다는 것이다. 우
리가 그동안 부정적인 생각과 나쁜 행동들을 반복함으로써 그것이 습관이
된 것처럼 긍정적인 생각과 행동들을 일상화하기 위해 반복적으로 셀프
최면을 걸어보는 것이다.

보통 새로운 행동이 습관이 되기까지는 21일의 시간이 걸린다고 한다.
구체적인 목표를 세운 뒤 21일, 딱 3주 뒤에 달라질 내 모습을 그려보며 하
루에 5분만 투자해보는 것은 어떨까?

이런 종류의 명상은 불안감과 스트레스 해소에도 도움이 된다. 한 실험
에서 불안 장애가 있는 환자 93명을 대상으로 불안과 스트레스를 완화하

는 수업을 진행했는데, 절반은 명상이 기초가 되는 수업을 했고 나머지는 평범하게 수업했다.[20] 8주 후에 참가자들의 불안감과 스트레스 지수를 평가해본 결과 두 그룹 모두 완화되긴 했지만, 명상을 이용한 사람들의 경우 훨씬 더 좋아진 모습을 보였다고 한다.

명상은 집중력 향상에도 큰 도움이 되는데, 이는 전반적인 학습 태도 향상으로 연결된다. 한 실험에서 수업 전에 간단한 명상을 먼저 하고 수업한 학생들과 그렇지 않은 학생들의 쪽지시험 결과 명상을 한 학생들이 더 높은 점수를 기록했다.[21] 특히 수업 전의 명상은 신입생들에게 더 효과가 좋았는데, 신입생일수록 수업에 집중하기 어려워하는 학생들이 많아서였다.

하루 중 단 5분만 마음을 비우고 원하는 것을 그려보자.
그 5분이 남은 50년을 바꿀지도 모른다.

지금 당장 행복해지고 싶은가?
_ 행복해지는 다섯 가지 방법

주부 A는 자신의 인생에 '행복'이라는 단어가 있을까 생각에 잠겼다. 학교를 졸업하자마자 결혼을 해서 직장 생활 한번 해보지 못하고 아이 둘을 낳았고, 둘 다 키워서 대학까지 보냈다. 예전에는 엄마 없으면 아무것도 하지 못하는 아이들을 돌보는 일에 만족감과 사명감을 느꼈지만, 아이들이 독립하고 난 지금은 이보다 더 쓸쓸할 수는 없을 것 같다.

다 가버렸네...

• • •

요즘은 다들 사는 게 팍팍하다고 한다. "나는 행복할까?"라는 질문에 바로 "그렇다."라고 답할 수 있는 사람은 몇 되지 않을 것이다. 우리를 좀 더 행복하게 해줄 방법이 있을까? 여러 연구에 따르면 행복감을 즉각적으로 높여주고 길게는 몇 달까지도 지속시켜주는 몇 가지 방법이 있다고 한다.

첫 번째, 지금 당장 행복해지고 싶다면 자리에서 일어나서 PT 체조를 해보라.[22] 간단한 에어로빅 등의 운동은 기분을 긍정적으로 변하게 해준다. 특히 이런 간단한 운동의 효과는 평소보다 기분이 더욱 침체되었을 때  커진다고 한다. 우리의 신체와 정신이 분리되지 않았기 때문에 상당한 효과를 볼 수 있는 것이다.

 두 번째, 가족이나 친구 등 좋아하는 사람에게 전화한다. 많은 연구에서 밝혀졌듯이 기분 좋은 대화와 행복감은 긍정적인 상관관계를 이룬다. 또한, 단지 어떤 그룹에 소속되어있다는 소속감이나 사람들과 만나는 상황자체가 삶에 긍정적인 영향을 미칠 수 있다.[23] 지금 당장 생각나는 사람에게 전화를 걸어 대화해보는 건 어떨까? 삶의 에너지를 증가시켜줄 것이다.

세 번째, 하루 동안 있었던 일 중 감사한 일 세 가지를 적어본다.[24] 생각보다 감사해야 할 일이 훨씬 많은데도 너무 당연하게 생각하고 아무것도 아니라고 생각하며 감사함을 잊고 살기 마련이다. 간단한 일기 형식으로 감사한 일을 기록하게 했을 때 사람들의 행복감이 증가하는데, 그 효과는 무려 6개월 정도 지속될 수 있다는 연구 결과가 있다.

네 번째, 가장 최선의 결과를 생각하려고 노력한다.[25] 지금 어떤 일을 하고 있다면 그 일을 가장 잘 끝냈을 때의 모습을 머릿속에 그려보고, 인생의 꿈을 이뤘을 때의 모습을 상상해보는 것이다. 많은 자기계발서적에서도 말하듯 구체적으로 꿈꾸면 실제로 그렇게 될 가능성이 커진다고 한다. 긍정적인 미래를 꿈꾸면 행복감이 높아질 뿐만 아니라 우리도 모르는 사이 그 꿈을 향해 더 가까이 다가가고 있을지도 모른다.

마지막으로 그날의 목표를 정해보라.[26] 캐롤 리프Carol Ryff가 만든 정신 건강의 여섯 가지 요소 중 가장 중요한 것이 자율성이다. 생각해보면 우리는 자신의 의도대로 사는 날보다 타인의 요구대로 사는 날이 더 많다. 그런 우리가 직접 목표를 세움으로써 잊고 있던 자율성을 찾고, 그 목표를 위해 노력하는 과정에서 값진 성취감과 행복감을 얻을 수 있다. 너무 거창한 목표일 필요는 없다. '사랑하는 사람에게 하루에 한 번 사랑한다고 말하기'와 같은 단순한 목표라도 괜찮다.

행복해지는 방법은 그리 어렵지 않다.
단순한 방법들이라도 우리 일상에 스며든다면
전보다 더 행복한 나날을
보낼 수 있을지 모른다.

팔랑팔랑

긍정심리학 07

지하철역의 바이올리니스트
_일상이 주는 행복

그렇게 되고 싶었던 직장인이 된 지도 어느덧 5년, 직장인 C는 매번 같은 업무, 매일 같은 사람들과 부대끼며 하루하루가 어떻게 흘러가는지도 모른 채 살아가고 있다. 커피 한 잔을 사 들고 회사 옥상을 찾은 C의 눈앞에는 따사로운 햇살과 상쾌한 바람을 맞으며 돌아가는 알록달록한 무지개 빛깔의 바람개비들이 보였다. C는 형언할 수 없이 좋아진 기분으로 30분을 그렇게 바람개비를 보며 앉아있다가, 5년 전의 그 마음으로 다시 돌아갈 수 있었다.

●●●

2007년 워싱턴 포스트의 칼럼니스트 진 웨인가튼Gene Weingarten은 워싱턴의 한 지하철역에서 한 가지 실험을 했다.27) 조슈아 벨Joshua Bell이라는 바이올리니스트에게 지하철역의 한구석에서 45분 동안 바이올린 연주를 하게 했다. 수많은 사람이 지하철역을 드나드는 바쁜 아침, 그는 바흐의 곡을 여섯 곡 연주했다. 연주를 시작한 지 3분 후 중년의 한 남자가 이 허름해 보이는 바이올리니스트에게 처음으로 관심을 보였다. 하지만 단지 몇 초 동안 그에게 관심을 보이더니 이내 바쁜 듯 가던 길을 재촉했다. 그렇게 1분이 더 지나고, 한 여성이 바쁘게 걸어가며 그에게 팁을 던져주고 갔다.

첫 팁이었다. 또다시 몇 분 후, 누군가 벽에 기대어 잠시 음악을 듣는 듯하더니 시간을 확인하고 다시 바쁜 발걸음을 옮겼다.

연주를 하는 45분 동안 1,097명이 지나갔고 그중에 단 7명이 그의 연주를 듣기 위해 멈춰 섰으며 오직 한 사람만이 그가 누구인지 알아보았다. 그 한 사람 빼고는 연주가 끝날 때까지 그를 알아본 사람이 아무도 없었고 아무런 박수도 없이 정적만 흘렀다.

사실 그는 세계적으로 유명한 바이올리니스트였다. 그가 지하철역에서 연주하면서 받은 팁은 고작 32달러였지만, 그의 바이올린은 350만 달러였다. 실험 며칠 전에 보스턴에서 열린 연주회에서 평균 100달러의 티켓을 매진시켰던 그였다. 그에게 가장 큰 관심을 보였던 사람은 세 살짜리 꼬마 아이였다. 여러 아이가 그에게 관심을 보였지만, 그럴 때마다 부모들은 예외 없이 아이들을 재촉했다.

세계적으로 유명한 음악을 세계적인 연주가가 연주해도 잠시 멈춰 서서 감상할 줄 모르는 우리는, 평소에 얼마나 많은 아름다운 것들을 스쳐 지나가는 것일까? 실험 시간이 출근 시간이었다는 한계를 고려하더라도, 앞만 보고 달려가는 현대인들에게 이 실험이 시사하는 바는 무시하지 못할 것이다.(이 실험에 대한 기사로 웨인가튼은 2008년 퓰리처 상을 받았다.)

또 다른 실험에서는 너무나 평범하고 일상적인 일이 우리에게 가져다주는 행복에 대해 살펴보았다.[28] 실험에 참가한 135명의 학생에게 다음과 같이 평범한 기록들을 타임캡슐에 담아 묻게 했다.

- 최근에 나누었던 일상적인 대화의 기록
- 마지막으로 참여했던 친목 행사
- 본인이 쓴 글 중의 일부
- 가장 좋아하는 노래 세 곡

타임캡슐을 묻으면서 3개월 후에 타임캡슐을 열 때 그들의 기분이 어떨지 예측하게 했다. 3개월이 흐른 뒤, 타임캡슐을 개봉한 학생들에게 그 기분이 어떤지와 타임캡슐 속의 기록이 얼마나 소중한지 등을 다시 물어보았다. 학생들은 3개월 전에 예측했던 것보다 훨씬 큰 행복함과 만족감을 느꼈고, 타임캡슐에 들어있던 것들을 예상했던 것보다 훨씬 더 소중하게 여기기도 했다.

특별할 것 없는 기록이었지만 시간이 지난 후에 그것들을 다시 접했을 때 느낀 감정은 상상 그 이상이었다. 생일, 기념일 같은 특별한 날에 대한 만족감은 딱 예측하는 정도였다고 하니, 일상적이고 사소한 일이 주는 행복이 우리가 예상하는 것보다 큰 것임을 알 수 있다.

즐겨 듣던 음악이 라디오에서 흘러나올 때 행복을 느낀 적 없는가. 친구가 한 우스갯소리가 문득 생각나 피식 웃음 지어본 적 없는가. 특별한 곳에 가지 않더라도 값비싼 선물을 주고받지 않더라도 충분히 행복해질 수 있는 일상을 우리는 과소평가하고 있진 않았을까?

제8장

성격을 보면
인생이 보인다

성격심리학

모든 사람의 운명은 자기 성격에 의해 만들어진다
– 코리넬리우스 네포스(Cornelius Nepos)

당신은 어떤 시간을 살고 있나요? _ 시간 관점

필리핀에 놀러 간 R은 마트에 갔다가 숨이 넘어가는 줄 알았다. 계산에 시간이 어찌나 오래 걸리던지 그리 급한 성격이 아닌데도 답답함을 느꼈다. 계산 줄이 길게 늘어서 있어도 캐셔들은 느긋하게 잡담을 하면서 계산을 하고, 현지인들은 그런 모습을 전혀 문제없이 받아들이는 듯했다.

・・・

　우리는 모두 시간 여행자이다. 과거를 기억하고 현재를 살아가며 미래를 기대하기 때문이다. 모든 사람에게 공평하게 주어지는 몇 안 되는 것 중 하나가 시간인데, 그것을 대하는 사람들의 태도는 다 다르다. 이렇게 시간을 대하는 개인의 태도를 심리학에서는 시간 관점Time Perspective이라고 표현하는데, 시간 관점을 보면 개인의 직업적 성공부터 건강과 행복까지 예측할 수 있다.

　시간 관점에 따라 사람들을 나누면 과거에 사는 사람, 현재에 사는 사람, 미래에 사는 사람으로 나뉜다. 대개는 어릴 적부터 시간 관점이 형성되고 문화가 큰 영향을 미치기도 한다. 좀 더 개인주의적인 성향의 문화에서는 미래 지향적인 모습이, 단체 생활을 강조하는 문화에서는 현재 지향적인 모습이 강하게 나타난다.

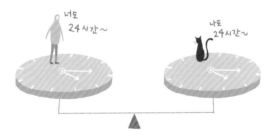

　과거에 사는 사람들은 '과거 부정 유형', '과거 긍정 유형'으로 나눌 수 있다. 과거 부정 유형은 말 그대로 실패, 실수와 같이 과거에 있었던 부정

적인 경험에 사로잡혀 현재에까지 좋지 않은 영향을 미치며 산다. 하루하루를 후회 속에 살아가는 것이다. 반면, 과거 긍정 유형은 과거에 행복했던 기억과 향수를 간직하며 사는 사람들로 가족들과 가까이 지내는 경향이 있으며 변화를 두려워하고 도전 정신이 부족한 모습을 보이기도 한다.

현재에 사는 사람들도 두 부류로 나눌 수 있다. '현재 쾌락주의자 유형'은 즉각적인 즐거움과 자극을 추구하는 쾌락주의자들이다. 많은 사람과 어울리는 것을 좋아하며 뒤따를 결과를 생각하지 않고 위험한 일을 저지르기도 한다. '현재 운명주의자 유형'은 운명은 이미 정해져 있기 때문에 미래를 계획할 필요가 없다고 생각한다. 그런 생각 때문에 무기력증과 불안감을 심하게 느끼고 우울증에 걸리기도 쉽다.

마지막으로 미래에 사는 사람들은 '미래 지향적 유형'으로 야망이 있고 야망을 이루기 위해 노력하는 모습을 보인다. 미래를 위해 현재의 즐거움을 포기할 줄 알지만, 그로 인해 때로는 많은 스트레스를 받기도 한다.

재미있는 사실은 적도에 가까운 지역일수록 현재 지향적인 사람이 많다는 것이다. 일 년 내내 기후 변화가 크지 않은 곳에서 생활해서 그런 것일까? 이탈리아 출신 심리학자 필립 짐바르도Philip Zimbardo는 이런 의문을 풀기 위해 사는 곳에 따른 성향을 연구했다.[1] 연구 결과에 따르면 같은 이탈리아 사람이라고 해도 북쪽에 사는 사람들은 열심히 일하는 경향이 강하고 남쪽 사람들은 저녁 식사를 세 시간씩이나 하는 등 여유를 즐기는 경향이 강하다고 한다. 다시 말하면 북쪽 사람들은 미래 지향적이고 남쪽 사람들은 현재 지향적인 모습을 보인다는 것이다. 실제로 이탈리아 남부의 '시칠리아'라고 불리는 섬에서 사용하는 사투리에는 미래 시제가 아예 존재하지 않는다고 한다.

같은 시간 관점을 공유하는 사람들이 모이면 그 지역이나 국가의 문화적 특색을 만들 수 있다. 사회 심리학자인 로버트 리빈Robert Levine은 세계 31개 국가를 돌아다니며 흥미로운 실험을 진행했다.2) '삶의 속도'라는 것을 조사했는데 '사람들이 100미터를 얼마나 빨리 걷는지', '우체국에서 소포를 보내는 데 얼마나 걸리는지', '공공 시계는 정확한지'를 지표로 측정했다. 이렇게 측정한 삶의 속도를 기준으로 도시의 크기, 심장 질환, 흡연율 등과의 상관관계를 분석했다. 일부 결과를 보면, 삶의 속도가 가장 빠른 나라에서 심장 질환으로 인한 사망률이 가장 높게 나왔다고 한다.

개인을 과거에 사는 사람, 현재에 사는 사람, 미래에 사는 사람 중에 하나의 유형으로 정의 내리기는 어려울 것이다. 살아가면서 때로는 이런 관점을, 때로는 다른 관점을 취하기도 하기 때문이다. 하지만 각자의 생활을 지배하는 가장 큰 관점은 존재할 것이다. 그 관점이 개인의 인생에 있어 많은 부분을 결정할지도 모른다.

자기 자신의 시간 관점을 이해하면 과거를 좀 더 긍정적으로
이용하고, 현재를 사는 건강한 방법을 알게 되고, 미래를 더
잘 계획할 수 있지 않을까?

나도 혹시 인격 장애? _ 인격 장애의 종류

P는 요즘 사람들을 만나는 것이 더 이상 즐겁지 않다. 자신이 별나다고는 생각하지 않지만 마음이 통하는 사람을 만나기가 힘들다. 새로운 사람을 만나 대화를 시작하는 게 흥미롭긴커녕 오히려 스트레스로 다가오고, 오랜 친구들과도 공감 가는 이야기를 나눈 지 꽤 된 것 같다. 나이가 들어서 이런 것인지 아니면 성격에 무슨 결함이라도 생긴 것인지 걱정이다.

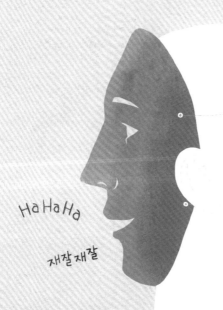

HaHaHa

재잘재잘

귀찮아
집에 가고싶다

•••

성격에 대한 연구의 시작은 고대古代로까지 거슬러 올라갈 수 있다. 그리스의 철학자 테오프라스토스Theophrastos는 그의 책《Characters》에서 기원전 4세기 아테네 사람들의 성격 유형을 30가지의 종류로 분류했는데, 이것이 성격 유형을 분류하는 시초가 되었다. 인격 장애Personality Disorder에 대한 개념은 1801년이 되어서야 프랑스의 정신과 의사 필립 피넬 Philippe Pinel이 묘사하면서 생겼다.

정신 질환을 분류하는 체계인 DSM의 2013년 개정판DSM-V에 따르면, 인격 장애는 지속적으로 환경에 적응하지 못하고, 이로 인해 사회적이나 직업적 기능에서 심각한 장애를 일으키며, 본인 스스로도 괴롭게 느끼는 것이 특징이다. 여기서 중요한 것은 '지속적', '부적응적'인데, 시간이 흘러도 변하지 않으며 이런 특성이 사회적 기능에 손상을 입힌다는 것이다.

DSM에서는 인격 장애를 총 10가지로 나누고, 이를 크게 세 가지의 그룹으로 묶어놓았다.3) A그룹 인격 장애는 별나거나 이상한 성격 유형으로 편집성, 분열성, 분열형 인격 장애가 이에 속한다. B그룹 인격 장애는 극적이고 감정적인 유형으로 반사회성, 경계성, 히스테리성, 자기애성 인격 장애를 포함한다. 마지막으로 C그룹 인격 장애는 지나치게 걱정하거나 두려

위하는 유형으로 회피성, 의존성, 강박성 인격 장애가 있다.

이런 10가지 유형은 과학적인 조사로 나누어진 것이라기보다는 오랜 시간 관찰로 만들어졌는데, 유형 간의 경계가 그렇게 뚜렷하지는 않다. 각 유형에 대해 간략히 살펴보도록 하자.

편집성 인격 장애Paranoid Personality Disorder(A그룹) 유형은 가족과 친구를 비롯하여 타인을 끊임없이 의심하는 특징을 가지고 있다. 다른 사람의 동기를 악의가 있는 것으로 생각하고 주변 사람들과 상황에 대한 자신의 부정적 선입견을 확인하려고 한다. 배우자나 성적 상대자의 정절에 대해 이유 없이 의심하는 모습을 보이기도 한다.

분열성 인격 장애Schizoid Personality Disorder(A그룹) 유형은 외부 환경이나 사회적 관계에 무관심하여 다른 사람과의 교류나 감정 표현이 없는 것이 특징이다. 타인과의 친밀한 관계를 바라지도 않고 즐기지도 않으며 혼자서 하는 행동을 선호한다. 타인의 칭찬이나 비난에도 무관심하다.

분열형 인격 장애Schizotypal Personality Disorder(A그룹) 유형은 외향적인 모습이나 행동, 언행 등에서 특이함을 보인다. 사회적으로 고립되어있으며 괴이한 생각이나 부적절하거나 엉뚱한 행동으로 사회적 부적응을 초래한다.

반사회성 인격 장애Antisocial Personality Disorder(B그룹) 유형은 사회적 규범과 의무를 무시하고 무책임한 행동 양식을 반복적이고 지속적으로 보인다. 다른 사람에게 피해를 입히고도 양심의 가책을 느끼지 못하고, 일부는 달변으로 다른 사람을 매혹하여 착취하기도 한다. 범죄자 중 반사회성 인격 장애를 가진 사람들이 많다.

경계성 인격 장애 Borderline Personality Disorder(B그룹) 유형은 자아상, 대인 관계, 정서가 불안정하고 충동적인 것이 특징이다. 자기 자신이나 타인에 대한 평가가 일관되지 않고 변화무쌍한 모습을 보인다. 정서 상태가 정상에서부터 우울, 분노를 자주 오가며 충동적이기 때문에 자해, 자살행위도 잦다.

히스테리성 인격 장애 Histrionic Personality Disorder(B그룹) 유형은 자존감이 낮아 타인의 관심이나 인정에 의존한다. 드라마틱한 모습을 보이며 관심을 끌기 위해 연기를 하기도 하고 외관을 치장하는 데 많은 신경을 쓴다. 대인 관계를 실제보다 더 친밀한 것으로 생각하는 경향이 있다.

우주는 나를 중심으로~

자기애성 인격 장애 Narcissistic Personality Disorder(B그룹) 유형은 성공욕으로 가득 차 있고 주위 사람들로부터 존경과 관심을 끌려 애쓴다. 성공을 위해서는 다른 사람을 착취하고 공감 능력이 희박하며 사기성 짙은 행동을 보이기도 한다. 자신의 중요성을 지나치게 느껴 모든 것에서 자기중심적이다.

회피성 인격 장애Avoidant Personality Disorder(C그룹) 유형은 자존감이 낮으며 거절당하는 것을 지나치게 싫어한다. 이 때문에 자신을 거절하지 않을 것이라는 확신이 드는 사람만을 대상으로 인간관계를 맺는다. 거부나 상실에 대한 두려움과 고통이 커 혼자 지내려 하지만 내적으로는 타인과의 친밀한 관계를 원한다.

의존성 인격 장애Dependent Personality Disorder(C그룹) 유형은 주변으로부터 보호받고자 하는 욕구가 지나쳐 주변 사람들에게 끊임없이 매달린다. 주변의 보호가 없어질까 봐 무리한 요구를 해도 순종적으로 응한다. 타인의 조언이나 지지가 없으면 스스로 결정 내리지 못하고 혼자 있으면 불편하고 무력해지는 모습을 보이다.

강박성 인격 장애Obsessive-Compulsive Personality Disorder(C그룹) 유형은 사소한 것, 규칙, 순서, 체계 등에 과도하게 집착하는 모습이 특징이다. 지나친 완벽주의로 인해 주어진 업무를 제대로 수행하지 못하기도 하며, 일에 대한 결단력, 판단력과 상대방에 대한 공감 능력이 매우 떨어진다. 지나치게 양심적이거나 가치관, 도덕적 기준에 대한 융통성이 부족하며, 전반적으로 경직되어있고 완고하다.

감정 기복이 심한 나. 나도 혹시 인격 장애일까?

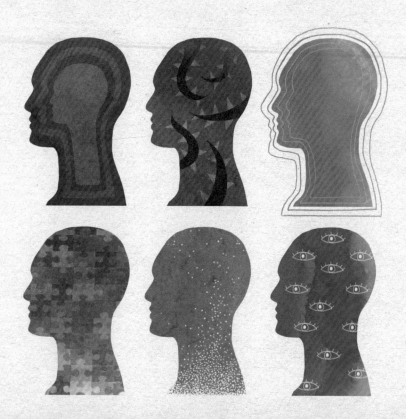

내 마음을 보호하는 래쉬가드_ 방어기제

말을 잘하기로 인정받는 M은 자타공인 합리화의 달인이다. 일이 잘되든 못되든 그럴싸한 언변으로 합리화시켜버리기 때문이다. 그래서인지 남들보다 스트레스를 덜 받는다고 스스로 생각하는데, 그렇게 모든 일을 합리화시키는 모습도 일종의 병이라고 해서 과연 그런 것인가 의문이 든다.

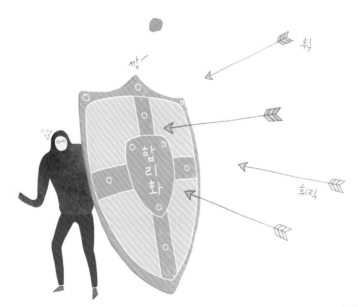

• • •

　우리는 우리를 둘러싼 스트레스와 불안 등의 위협에서 스스로를 보호하기 위해 **방어기제**Defense Mechanism라는 심리적 메커니즘을 사용한다. 그중에서 사람들이 일상적으로 사용하는 것이 합리화인데, 해야 할 일을 다음으로 미루며 "그래, 오늘은 주말이니까 푹 쉬고 내일부터 열심히 하는 거야."라며 스트레스에 대처하는 것이다. 합리화 외에도 방어기제의 종류가 다양하지만, 사실을 거부하거나 왜곡하는 점과 무의식적으로 작용한다는 점은 공통으로 나타나는 특성이다. 성숙도에 따라 구별하면 병리적 방어기제, 미성숙한 방어기제, 신경증적 방어기제, 성숙한 방어기제로 나뉘는데, 단계별로 대표적인 방어기제를 살펴보자.[4]

　병리적 방어기제는 정신과적인 문제가 있다고 판단할 수 있는 것으로 대표적으로 **부정**Denial이 있다. 외적인 상황이 감당하기 어려울 때 일단 그 상황을 거부하여 심리적인 상처를 줄이는 방법이다. 사랑하는 연인과의 이별을 부정하거나 가족의 죽음을 믿지 않는 모습이 그 예이다.

　미성숙한 방어기제는 주로 성장기에 많이 나타나는 것으로 **투사**Projection, **퇴행**Regression, **행동화**Acting Out 등이 있다.

　투사는 자신의 감정이나 동기를 다른 사람에게 돌리는 방법이다. 예를 들어, 친구와 싸운 후 나는 잘못이 없는데 친구가 괜히 시비를 걸어서 싸우게 됐다고 생각해버리는 경우다.

퇴행은 현재 맞닥뜨린 갈등이나 긴장을 피하려고 과거의 발달 단계 수준으로 되돌아가는 방법이다. 동생이 태어난 후 갑자기 아이가 나이에 맞지 않는 응석을 부리거나 대소변을 실수하는 모습도 이런 방어기제로 볼 수 있다.

행동화는 무의식적 충동이나 소망이 충족되지 않아 생긴 갈등을 행동으로 표현하는 방법이다. 화가 나면 말로 표현하지 않고 주먹으로 벽을 치거나 상대방을 때리는 모습이 쉽게 찾아볼 수 있는 예이다.

신경증적 방어기제는 단기적으로는 갈등 해결에 도움이 될 수 있으나 장기적으로는 사회관계에서 문제가 되는 것으로 전치Displacement, 억압Repression, 취소Undoing, 반동 형성Reaction formation 등이 있다.

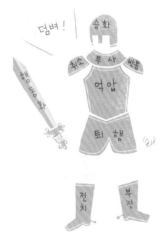

전치는 권위적인 대상으로부터 느낀 불안이나 스트레스를 덜 위협적이거나 중립적인 다른 대상에게 전가하는 것이다. '프랑스에서 실업률이 최고에 달했을 때 고양이가 없었다.'라는 말이 있을 정도로 실직자들이 애꿎은 고양이에게 화풀이했던 일일이 있었는데, 대표적인 전치의 예이다.

억압은 불쾌한 경험이나 받아들여지기 어려운 욕구, 반사회적인 충동 등을 무의식 속으로 몰아넣거나 생각나지 않도록 억누르는 방법이다. 부모로부터 학대받았던 기억을 스스로 지운다거나 언급하지 않는 등의 모습을 예로 들 수 있다.

취소는 자신의 욕구와 행동이 타인에게 피해를 주었다고 느낄 때 그 행동을 중지하고 원상 복귀시키려는 일종의 속죄 행위다. 부인에게 심한 말을 하고 꽃을 사다 주는 남편의 모습이 예이다.

반동 형성은 억압된 감정이나 욕구가 행동으로 나타나지 않도록 실제로 느끼는 감정과 오히려 정반대의 행동을 보이는 모습이다. 예를 들어, 싫어하는 직장 동료에게 오히려 과잉 친절을 베푸는 모습이 해당한다.

성숙한 방어기제는 정신적으로 건강한 사람들이 주로 사용하는 방법으로, 대표적으로는 승화Sublimation가 있다. 사회에서 용납되기 힘든 충동을 사회에서 용인되는 형태와 방법으로 발산하는 것인데, 공격성과 승부욕을 스포츠로 분출하는 모습이 좋은 예이다.

방어기제는 무조건 나쁜 것일까? 아니다. 스트레스 없이 살 수 없는 요즘. 사회적으로 용납될 수 있는 성숙한 방어기제로 스트레스를 해소하며 사는 것이 관건이다.

계절만 바뀌면 우울해진다? _ 계절 정서 장애

비가 내리는 날이면 유독 울적해지는 D는 장마철이 무섭다. 무기력함과 우울증이 심해져 일하는 것에도 지장이 있고 입맛까지 뚝 떨어져 체력이 달리기 때문이다. 정도만 다르지 다른 사람도 당연히 그럴 거라고 생각했는데, 비 오는 날의 운치가 좋다며 오히려 행복해하는 친구를 보고 놀란 적이 있다.

비가 많이 오는 영국에는 우울증을 앓는
사람이 많다는 말을 누구나 한 번쯤 들어봤
을 거다. 해가 잘 나지 않고 우중충한 날이 오
래 지속되기 때문이라는데, 정말 비가 오면
더 우울해질까? 그렇다면 짜증 날 정도로 무
더운 날씨는 어떨까? 좀 더 공격적인 모습으

로 변하지는 않을까? 아주 날이 춥다면 혼자 있고 싶은 기분이 들지는 않
을까?

날씨가 기분에 미치는 영향에 대해 다양
한 연구가 이루어지고 있지만, 생각만큼 날
씨가 우리에게 미치는 영향이 크지는 않다고
한다. 개인차가 무척 크기도 하고 가끔은 엇
갈리는 연구 결과가 나오기도 하는데, 그 점을 염두에 두고 날씨의 영향에
대해 한번 살펴보자.

계절 정서 장애Seasonal Affective Disorder는 우울증의 하나로, 평소 건강
한 정신을 유지하던 사람이 특정한 계절이 되면 우울증을 겪는 것을 말한
다. 계절이 바뀌면 갑자기 잠을 많이 자거나 기운이 달리거나 무기력해지
고 우울해지는 증상인데, 심각한 경우 일상생활에 지장을 받을 정도다. 흔

히 가을과 겨울에 주로 나타나는 것으로 생각할 수 있지만 봄과 여름에도 겪을 수 있고, 계절 자체의 영향뿐만 아니라 그 계절에 얽힌 좋지 않은 경험 때문에도 겪을 수 있다고 한다.

미국 플로리다 사람 중 대략 1.4%가 계절 정서 장애로 고통받는 데 반해, 알래스카 사람의 대략 9.9%가 이 장애로 고통받고 있다.[5]

우리는 흔히 '봄' 하면 '기분 좋은 느낌', '희망' 등과 연관시킨다. 하지만 봄과 여름에 자살률이 최고치에 이른다는 여러 연구 결과를 보면 꼭 그렇게 말할 수는 없을 듯하다. 북반구, 남반구와 관계없이 그 지역이 봄과 여름일 때, 즉 따뜻하거나 더운 날씨일 때 자살률이 높게 나타나는데, 바깥에서 일하는 사람의 경우 봄에 자살을 하는 사람이 많고 실내에서 일하는 사람의 경우 여름에 자살률이 높다고 한다.[6]

그렇다면 얼마나 많은 사람이 날씨에 영향을 받을까? 네덜란드의 테오 클림스트라Theo A. Klimstra가 415명의 청소년을 대상으로 한 연구에서 절반 정도의 학생만이 날씨에 영향을 받았다고 한다.[7]

참가자들은 날씨에 어떻게 영향을 받는지에 따라 네 가지로 분류되었다. 'Summer Lovers' 유형은 햇볕이 좋고 따뜻한 날일수록 큰 행복감을 느끼는 유형으로 전체의 17%를 차지했다. 'Summer Haters' 유형은 맑은 날을 싫어하고 비 오는 날처럼 흐린 날을 좋아하는 유형으로 27% 정도가 해당한다. 'Rain Haters'는 비 오는 날이 많을수록 기분이 안 좋아지는 유형으로 9% 정도였는데, Summer Lovers와 경계가 아주 흐릿하다. 마지막으로 날씨 변화에 크게 영향을 받지 않는 'Unaffected by Weather' 유형이 48%로 거의 절반을 차지했다.

마리 코놀리Marie Connolly는 날씨 변화에 따른 남녀의 대응에 차이가 있는지 조사했다.[8] 그 결과 남자들은 갑작스럽게 날씨가 변했을 때 유연하게 대처하는 경향이 강했다고 한다. "비가 와? 그럼 그냥 집에 있지 뭐.", "갑자기 해가 난다고? 그럼 워터파크나 가자."라는 식이다. 반면 여자들은 날씨 변화에 유연하게 대처하는 모습이 상대적으로 덜 보이고, 기분에까지 영향을 미칠 가능성이 높았다고 한다

계절 정서 장애를 큰 문제로 생각하지 않는 사람들이 많지만, 누군가에게는 그 어떤 질병보다 더 무서울 수도 있다. 주변에 유난히 날씨 영향을 많이 받는 사람이 있다면 단지 예민하다고만 생각하지 말길 바란다.

가을에 압사

성격심리학 05

매력적인 성격은 무엇인가 _ 성격의 5대 요인

남자 친구들과 오랜만에 술자리를 가진 여대생 C. 성격 좋은 여자와 예쁜
여자 중에서 누가 좋으냐는 C의 질문에 '당연히 예쁜 여자가 좋다.'는 친구
들의 답을 듣고 충격을 받았다. 예쁜 여자가 좋다는 건 이해할 수 있지만,
예쁜 여자면 모든 게 해결된다는 친구들의 말은 쉽사리 이해할 수 없었다.
정말 예쁘기만 하면 성격이 아무리 나빠도 상관없는 것일까?

• • •

우리는 성격이 좋은 사람을 좋아한다. 그렇다면 좋은 성격이란 어떤 성격일까? 조용하고 내성적인 성격보다 사람들과 쉽게 친해지는 외향적인 성격이 더 좋은 성격일까? 남의 부탁을 무조건 들어주는 성격은 좋은 성격일까? 그런데 좋은 성격은 과연 외모적인 매력을 뛰어넘을 수 있는 것일까? 사진만 봤을 때와 성격을 알고 사진을 봤을 때 호감도는 달라질 수 있을까?

한 실험에서 이성을 사진만으로 평가한 것과 성격 정보와 함께 평가한 것을 비교해보았다.[9] 성격은 긍정적인 묘사와 부정적인 묘사로 나누어 제시했는데, 성격을 알았을 때의 호감도는 단순히 외모만 봤을 때와 상당히 달라졌다. 흥미로운 것은 부정적인 묘사로 인한 호감도 하락이 긍정적인 묘사로 인한 호감도 상승보다 훨씬 컸다는 점이다. 그리고 여자에 대한 호감도를 평가할 때 성격이 미치는 영향이 더 컸다. 당연한 말이지만, 아무리 아름다운 여자라도 성격이 나쁘다면 호감도는 하락한다는 것이다.

다른 실험에서는 체중, 신체 비율Hip-to-waist ratio, 성격이 호감도에 미치는 영향에 대해서 비교했다.[10] 결과에 따르면 체중이 호감도에 가장 큰 영향을 미쳤고, 다음으로 성격, 신체 비율 순이었다고 한다. 성격은 외향적인지 내향적인지가 중요했는데 외향적인 성격이 내향적인 성격보다 더 매력적으로 평가되었다.

이후의 실험에서는 남성 참가자들을 대상으로 여성의 호감도를 평가하게 했는데, 긍정적인 성격으로 묘사된 여성을 평가했을 때는 체구가 상대적으로 큰 사람을 선호했고 반대로 부정적인 성격으로 묘사된 여성을 평가했을 때는 체구가 상대적으로 작은 사람을 선호하는 모습이 발견되었다.[11]

외향성 말고 사람을 설명할 수 있는 다른 성격은 무엇일까? 심리학에서 널리 인정받고 있는 성격의 5대 요인Big 5 Personality Factors으로 인종이나 문화와 관계없이 성격을 설명할 수 있다.[12] 외향성Extraversion, 정서적 안정성Neuroticism, 개방성Openness, 우호성Agreeableness, 성실성Conscientious-ness이 그것이다.

① 외향성

외향적인 사람들은 사회성이 좋고 자신감 있고 도전적인 모습을 보인다. 이런 면 때문에 좋아하는 상대를 잘 만날 수 있지만, 바람을 피울 가능성도 높은 편이다. 반면, 사회성이 좋지 않고 소극적이고 안전함을 추구하는 내향적인 사람들은 사람을 만나기 쉽지는 않아도 일단 만나면 안전한 관계를 유지할 수 있다. 길게 보면 내향적인 성격 또한 충분히 매력적일 수 있다.

② 정서적 안정성

정서가 안정된 사람들은 환경에 잘 적응하지만, 실패가 두려운 나머지 도전을 회피하거나 주위 사람을 너무 신뢰하는 모습을 보이기도 한다. 정서적으로 불안한 사람들은 공포심이나 우울함을 느낄 확률이 높으나, 이렇게 매사에 조심스럽고 변화에 민감한 모습은 때로 도움이 되기도 한다. 하지만 정신적으로나 신체적으로 취약하여 매력적으로 평가받는 경향이 덜하고 대체로 대인 관계나 직장생활이 원만하지는 않다.

③ 개방성

개방적인 사람들의 특징은 창의력, 상상력, 호기심, 예술성 등으로 묘사된다. 특이하고 관습적이지 않은 것에 끌리는 경향이 있는데, 심하면 비현실적으로 보이며 이로 인해 사회로부터 거절당할 수 있다. 적절한 개방성은 사람들에게 매력적인 성격으로 평가된다.

④ 우호성

우호적인 사람들은 조화를 중요시하고 공감 능력이 높고 사람들을 신뢰하는 성격이다. 이 때문에 매력적인 성격으로 비치지만, 때로는 자신보다 타인을 중요시하는 모습이 부정적으로 평가받을 수 있다. 또, 착취를 당하거나 권리를 무시당할 확률도 높다. 실제로 우호성이 높은 사람보다 그렇지 않은 사람들이 직업적으로는 성공할 확률이 높다.

⑤ 성실성

성실한 사람들은 일을 열심히 하고 책임감이 있으며 조직적인 모습이 특징이다. 계획적이고 자기 관리를 잘하고 도덕적이고 성취 지향적인 모습 때문에 개인의 성공 여부를 판단하는 중요한 지표가 된다. 인간관계에서도 자신과 비슷한 사람들을 선호하여 계산적으로 느껴질 수도 있다. 성실한 사람들의 단점으로는 완벽주의를 꼽을 수 있다.

다섯 가지 성격 요소들이 저마다 다르게 섞여서 완전히 똑같은 성격의 사람은 없다. 어떤 성격이 최고라고 꼽을 수도 없다. 혹시 단점으로 생각되는 성격이 있다면 장점으로 승화시키는 것, 누구의 몫일까?

이게 전부
저인걸요~

원체
이렇게 생겨먹어서...

성격
가지치기 좀
해~

스스로 생을 마감하는 것에 대하여 _ 자살의 원인과 징후

몇 달 전부터 극심한 우울증에 시달리고 있는 J는 요즘 들어 살고 싶지 않다는 생각이 자꾸 든다. 타지 생활이 5년째 접어들면서 가족들의 품이 그립기도 하고 도무지 즐겁지 않은 직장 생활에 앞으로도 계속 이렇게 살아야 한다면 남은 인생이 너무 끔찍한 기분이다. 친구들에게는 그저 속 편한 불평처럼 들릴까 봐, 부모님에게는 괜한 걱정을 끼칠까 봐…, 누구에게도 말하지 못한 채 내일 아침에 깨어나고 싶지 않다고 생각하며 잠자리에 든다.

···

전 세계적으로 사망의 원인 중 10위를 차지하는 것이 자살이라고 한다. 우리나라가 OECD 국가 중에서 1위라는 오명을 쓰고 있는 것 중 하나에도 자살이 포함되어있다. 심지어 10년째 부동의 1위다. 2012년 기준, 우리나라 인구 10만 명당 29.1명이 자살을 선택하여 OECD 평균 12명을 훌쩍 넘었다.[13] 또한 대부분의 국가에서 자살률이 감소하고 있음에도 불구하고, 우리나라는 2002년 사망 원인 8위에서 2012년에는 4위로 뛰어올랐다.[14]

자살률 1위의 나라에 사는 우리는 자살에 대해 얼마나 알고 있을까? 먼저 자살에 관한 흔한 오해들을 살펴보도록 하자.[15]

✗ 자살에 대해 말하는 사람은 실제로는 자살을 하지 않을 것이다

자살하는 사람들 대부분은 죽기 전에 어떤 식으로든지 자살 가능성에 대해 알린다. 그렇게 자주 말하는 이들은 이미 여러 번 자살 시도를 했을지도 모른다. "설마 정말 죽기야 하겠어?", "걔는 죽을 배짱도 없어." 라는 식의 접근은 매우 위험하다.

✖ 자살을 시도하는 사람은 미친 사람이다

지극히 평범한 많은 사람이 자살에 대한 충동과 끊임없이 싸우고 있다.

✖ 자살을 결심했다면 그걸 막을 수는 없다

마지막 순간까지 죽음에 대해 혼합된 감정을 가지고 있다. 충분히 막을 수 있다는 말이다.

✖ 자살하는 사람들은 도움을 요청할 의지가 없는 사람들이다

자살하는 사람들의 절반 이상이 죽기 전에 외부적인 도움을 받으려고 노력한다.

✖ 자살을 생각하는 사람 앞에서 자살에 관해 말하는 것은 위험하다

실제로는 공개적으로 언급하며 다루는 것이 더 도움된다.

왜 우리 주위의 소중한 사람들이 자살이라는 슬픈 마지막을 택하는 것일까? 사람들이 자살을 시도하는 주요 이유는 다음과 같다.[16]

① 극심한 우울증에 시달릴 때 (가장 큰 이유)

② 조현병(정신분열증) 등으로 인한 환청이나 환각이 있을 때

③ 약물이나 알코올 중독 등으로 인한 충동이 생길 때

④ 자살을 원하지 않지만, 무언가 잘못되었음을 알리고 싶을 때

⑤ 완치 불가능한 질병 등의 고통을 끝내고자 할 때

그렇다면 자살을 막을 수 있을까? 누군가가 다음과 같은 모습을 보인다면 아마 그 사람은 도움의 손길이 필요한 것일지도 모른다.[17]

> 자살에 대해서 말한다, 흉기나 약물 같은 위험한 물건에 관심 가진다, 죽음에 대한 생각에 사로잡혀 있다, 미래에 대한 희망이 없다, 자기혐오나 증오에 시달린다, 유언장을 작성하거나 중요한 물건을 파는 등 삶을 정리하는 모습을 보인다, '안녕'이라는 말을 자주 한다, 주위 사람들과 접촉을 피한다, 자기 파괴적인 행동을 한다, 갑자기 극도로 평온한 모습을 보이기도 한다.

많은 사람이 다양한 이유로 더 이상 살고 싶지 않다는 생각을 하곤 한다. 그런 생각이 들면 누군가에게 털어놓자. 친구나 가족에게 말하기 힘들다면 희망의 전화, 생명의 전화와 같은 도움을 활용해보는 건 어떨까? 힘든 시기를 지나고 나면, 그 순간 위험한 결정을 내리지 않았다는 사실에 감사하게 될 것이다.

주위에 힘들어하는 사람들이 보인다면 '무슨 일이야 생기겠어?'라는 마음보다는 좀 더 즉각적으로, 적극적으로 도움의 손길을 건네주자. 그 사람에게는 간절히 바라던 누군가의 도움이 될지도 모른다.

이름만 들어도 무서운 Phobia _ 공포증의 종류와 치료법

두려움이 많은 K는 사람이 많은 곳에 혼자 있으면 심장이 쿵쿵 뛰어서 그런 곳은 피해 다닌다. 학교 다닐 때도 발표 수업이 없는 수업만 골라 들었고, 택시에서 행선지를 제대로 말하는 것도 힘들다. 모서리 공포증까지 있어 식탁이든 책상이든 모서리만 보면 두렵다. 이런 자신이 참 싫지만 어떻게 해야 할지도 모르겠다.

누구나 어떤 대상에 대해 어느 정도는 공포심을 느끼고 있다. 깜깜한 밤에 불빛이 하나도 없다거나 높은 낭떠러지에서 아래를 내려다볼 때, 혹은 난기류에 흔들리는 비행기 속에서 공포를 느끼는 것은 자연스러운 현상이지만, 비행기 타는 것이 두려워 친한 친구의 결혼식에도 참석하지 못한다면 그것은 또 다른 이야기가 된다. 영어로 포비아Phobia라고 부르는 이 공포증은 실제로 그 대상이 가지는 위험성보다 훨씬 크게 공포심을 느끼는 것이 특징이다. 공포심의 정도가 지나쳐 일상생활에 지장을 받게 되면 '공포증'이라고 부를 수 있는 것이다. 이런 공포증은 보통 어렸을 때 생기지만 성인이 되고 나서도 충분히 생겨날 수 있다.[18]

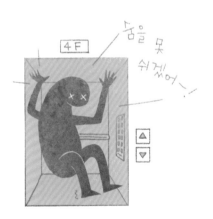

공포증은 그 종류가 어마어마하다. 모든 대상에서 공포증을 느낄 수 있기 때문이다. DSM 분류 체계에서는 공포증을 크게 세 가지로 분류하고 있다.[19] 광장 공포증Agoraphobia은 특정한 장소, 특히 탈출이 힘든 장소에 대해 가지는 공포증이다. 사회 공포증Social Phobia은 특정한 사회적 환경에 놓였을 때 느끼는 공포증으로, 흔히 대인 공포증이라고 한다. 특정 공포증Specific Phobia은 특정한 자극에 대한 공포증인데, 동물(뱀, 거미, 쥐 등) 공포증, 자연환경 공포증(높은 곳, 태풍, 물, 어두움 등), 상황 공포증(승강기, 터널, 비행기 등), 의료 공포증(주사, 피, 수술 등)으로 나뉜다.

공포를 느끼는 대상을 접하거나 떠올리기만 해도 숨쉬기가 힘들어지고 어지러움을 느끼거나 심장이 빨라지기도 하고 가슴에 통증을 느끼기도 하며 땀을 흘리는 것이 대표적 신체 증상이다. 심리적으로는 불안과 패닉을 느끼고 도망치고 싶거나 상황을 통제하지 못하는 것 같은 기분이 들며, 심하면 죽을 것 같기도 한다. 뱀이나 거미에 대한 공포증은 일상생활에 큰 어려움을 초래하지 않지만, 사람이 많은 곳이나 좁은 공간에서 극심한 불안을 느끼는 등의 공포증은 치료가 필요하다.

그렇다면 어떻게 치료해야 할까?[20] 첫 번째 방법은 공포증을 유발하는 대상에 단계적으로 직면하는 것이다. 중요한 점은 약한 자극부터 시작하여 점차 자극의 강도를 늘려야 한다는 것이다. 큰 개에 공포심이 있다면 처음에는 개 사진으로 충분히 익숙해진 뒤, 다음에는 동영상으로 개의 움직이는 모습에 익숙해지고 이후에는 실제 강아지를 멀리서 지켜보는 식으로 말이다. 두 번째 방법은 긴장을 이완하는 방법이다. 땀이 나는 등의 신체적인 변화가 일어날 때 마음을 평온하게 해줄 방법을 사용하여 공포심에 대처하는 것이다. 깊게 숨을 들이마시거나 명상, 근육 스트레칭 등이 있다. 세 번째 방법은 부정적인 생각을 바꾸려고 노력하는 것이다. 실제로 느끼는 공포보다 크게 인식하며 불안해하고, 그에 대처할 수 있는 자신의 능력은 과소평가하게 되는데, 그런 부정적인 생각들을 한번 종이에 적어보는 것이 좋다. 예를 들어 "이 다리는 곧 무너질 거야."라고 적어보면, 그 생각이 얼마나 비합리적인 것인지 깨달을 수 있다. 그런 다음 "수많은 사람이 오랫동안 이 다리를 건넜지만 무너진 적이 없어."라며 생각을 바꾸는 연습을 하는 것이다.

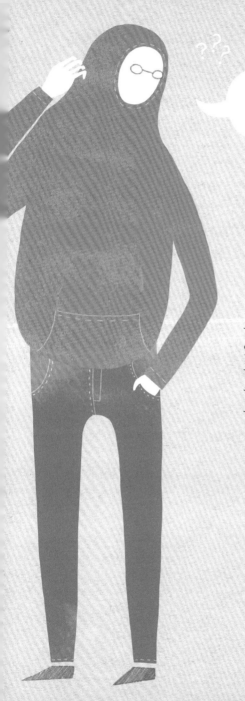

너희...
원래 이렇게
작았나?

공포증 때문에 일상생활에 큰 지장이
있다면 스스로 노력하거나 외부의 도
움을 받아 극복해보자. 생각보다 그
공포심의 크기는 작고, 생각보다 우리
는 더 강한 존재다.

어서 예전처럼
날 무서워 해줘!

인지심리학

1) Miller, G. A. (1956). The magical number seven, plus or minus two: Some limits on our capacity for processing information. *Psychological Review, 63*(2), 81-97.

2) Long-term memory. (n.d.). In *Wikipedia*. Retrived July 21, 2015, from https://en.wikipedia.org/wiki/Long-term_memory/

3) Short-term memory. (n.d.). In *Wikipedia*. Retrieved July 21, 2015, from https://en.wikipedia.org/wiki/Short-term_memory/

4) Working memory. (n.d.). In *Wikipedia*. Retrived July 21, 2015, from https://en.wikipedia.org/wiki/Working_memory/

5) Alloway, T. P. & Alloway, R. G. (2010). Investigating the predictive roles of working memory and IQ in academic attainment. *Journal of Experimental Child Psychology, 106*(1), 20-29.

6) Baddeley, A., Eysenck, M. W., & Anderson, M. C. (2009). *Memory*. Psychology Press.

7) Godden, D. R., & Baddeley, A. D. (1975). Context-dependent memory in two natural environments: On land and underwater. *British Journal of Psychology, 66*(3), 325-331.

8) Cytowic, R. (2014, January 1). *What percentage of your brain do you use?* [Video file] Retrieved from http://ed.ted.com/lessons/what-percentage-of-your-brain-do-you-use-richard-e-cytowic#review/

9) Helmuth, L. (2011, May 19). Top ten myths about the brain: When it comes to this complex, mysterious, fascinating organ, what do-and don't-we know? [Web log post]. Retrieved from http://www.smithsonianmag.com/science-nature/top-ten-myths-about-the-brain-178357288/?no-ist/

10) Loftus, E. F. (2013, June). *How reliable is your memory?* [Video file] Retrieved from https://www.ted.com/talks/elizabeth_loftus_the_fiction_of_memory?language=en/

11) Waack, B. M. (2007) *Post event misinformation effect, source strength, and eyewitness memory conformity*. ProQuest.

12) Loftus, E. F., Coan, J. A., & Pickrell, J. E. *Manufacturing false memories using bits of reality*. In Reder, L., ed. Implicit Memory and Metacognition. Hillsdale, NJ: Erlbaum, in press.

13) Loftus, E. F., & Palmer, J. C. (1974). Reconstruction of automobile destruction: An example of the interaction between language and memory. *Journal of Verbal Learning and Verbal Behavior, 13*(5), 585-589.

14) Prosopagnosia. (n.d.). In *Wikipedia*. Retrieved July 21, 2015, from https://en.wikipedia.org/wiki/Prosopagnosia/

15) Kennerknecht, I., Grueter, T., Welling, B., Wentzek, S., Horst, J., Edwards, S., & Grueter, M. (2006). First report of prevalence of non-syndromic hereditary prosopagnosia (HPA). *American Journal of Medical Genetics. Part A, 140*(15), 1617-1622.

16) Grueter, M., Grueter, T., Bell, V., Horst, J., Laskowski, W., Sperling, K., Halligan, P. W., Ellis, H. D., & Kennerknecht, I. (2007). Hereditary prosopagnosia: The first case series. *Cortex, 43*(6), 734-749.

17) Rakover, S. S. & Teucher, D. (1997). Facial inversion effects: Parts and whole relationship. *Perception & Psychophysics, 59*(5), 752-761.

18) Cross-race effect. (n.d.). In *Wikipedia*. Retrieved December 03, 2015, from https://en.wikipedia.org/wiki/Cross-race_effect/

19) Simons, D. J., & Levin, D. T. (1998). Failure to detect changes to people during a real-world interaction. *Psychonomic Bulletin and Review, 5*(4), 644–649.

20) Change blindness. (n.d.). In *Wikipedia*. Retrieved December 03, 2015, from https://en.wikipedia.org/wiki/Change_blindness/

21) Masuda, T., & Nisbett, R. E. (2006). Culture and change blindness. *Cognitive Science, 30*(2), 381-399.

22) Markey, P. M., & Markey, C. N. (2010). Vulnerability to violent video games: A review and integration of personality research. *Review of General Psychology, 14*(2), 82-91.

23) Glass, B. D., Maddox, T., & Love, B. C. (2013). Real-time strategy game training: Emergence of a cognitive flexibility trait. *PLoS ONE, 8*(8).

1) Cash, H., Rae, C. D., Steel, A. H., & Winkler, A. (2012). Internet addiction: A brief summary of research and practice. *Current Psychiatry Reviews*, *8*(4), 292-298.

2) Henkel, L. A. (2014). Point-and-shoot memories: The influence of taking photos on memory for a museum tour. *Psychological Science*, *25*(2), 396-402.

3) Rosen, L. (2015, January 18). iPhone separation anxiety [Web log post]. Retrieved from https://www.psychologytoday.com/blog/rewired-the-psychology-technology/201501/iphone-separation-anxiety/

4) Clayton, R. B., Leshner, G., & Almond, A. (2015). The extended iSelf: The impact of iPhone separation on cognition, emotion, and physiology. *Journal of Computer-Mediated Communication*, *20*(2), 119-135.

5) Przybylski, A. K., & Weinstein, N. (2012). Can you connect with me now? How the presence of mobile communication technology influences face-to-face conversation quality. *Journal of Social and Personal Relationships*, *30*(3), 237-246.

6) Thornton, B., Faires, A., Robbins, M., & Rollins, E. (2014). The mere presence of a cell phone may be distracting. *Social Psychology*, *45*(6), 479-488.

7) Cheever, N. A., Rosen, L. D., Carrier, L. M., & Chavez, A. (2014). Out of sight is not out of mind: The impact of restricting wireless mobile device use on anxiety levels among low, moderate and high users. *Computers in Human Behavior*, *37*, 290-297.

8) Rains, S. A., Brunner, S. R., & Oman, K. (2014). Self-disclosure and new communication technologies: The implications of receiving superficial self-disclosures from friends. *Journal of Social and Personal Relationships*, 1-20.

9) Forest, A. L., & Wood, J. V. (2012). When social networking is not working: Individuals with low self-esteem recognize but do not reap the benefits of self-disclosure on Facebook. *Psychological Science*, *23*, 295-302.

10) Emery, L. F., Muise, A., Alpert, E., & Le, B. (2015). Do we look happy? Perceptions of romantic relationship quality on Facebook. *Personal Relationships*, *22*(1), 1-7.

11) Seidman, G. (2014). Expressing the 'true self' on Facebook. *Computers in Human Behavior*, *31*, 367-372.

12) Krasnova, H., Wenninger, H., Widjaja, T., & Buxmann, P. (2013). Envy on Facebook: A Hidden threat to users' life satisfaction. 11th International Conference on Wirtschaftsinformatik.

13) Tandoc Jr. E. C., Ferrucci, P., & Duffy, M. (2015). Facebook use, envy, and depression among college students: Is facebooking depressing? *Computers in Human Behavior*, *43*, 139-146.

14) Friedman, M. (2013, December 16). Are you at risk of Facebook envy? [Web log post]. Retrieved from https://www.psychologytoday.com/blog/brick-brick/201312/are-you-risk-facebook-envy/

15) Gunasekera, H., Chapman, S., & Campbell, S. (2005). Sex and drugs in popular movies: An analysis of the top 200 films. *Journal of the Royal Society of Medicine*, *98*(10), 464–470.

16) O'Hara, R. E., Gibbons, F. X., Gerrard, M., Li, Z., & Sargent, J. D. (2012). Greater exposure to sexual content in popular movies predicts earlier sexual debut and increased sexual risk taking. *Psychological Science*, *23*(9), 984-993.

17) Chapman, J. Do you worship the celebs? [Web log post]. Retrieved from http://www.dailymail.co.uk/tvshowbiz/article-176598/Do-worship-celebs.html/

18) Maltby, J., Day, L., McCutcheon, L. E., Gillett, R., Houran, J., & Ashe, D. D. (2004). Personality and coping: A context for examining celebrity worship and mental health. *British Journal of Psychology*, *95*, 411-428.

19) Maltby, J., Giles, D. C., Barber, L. & McCutcheon, L. E. (2005). Intense-personal celebrity worship and body image: Evidence of a link among female adolescents. *British Journal of Health Psychology*, *10*(1), 17-32.

소비심리학

1) Singh, S. (2006). Impact of color on marketing. *Management Decision*, *44*(6), 783-789.

2) Ciotti, G. (2013, August 6). The psychology of color in marketing and branding [Web log post]. Retrieved from http://www.helpscout.net/blog/psychology-of-color/

3) Chopra, P. (2010, November 24). Multivariate testing in action: Five simple steps to increase conversion rates [Web log post]. Retrieved from http://www.smashingmagazine.com/2010/11/multivariate-testing-in-action-five-simple-steps-to-increase-conversion-rates/

4) Skorinko, J. L., Kemmer, S., Hebl, M. R., & Lane, D. M. (2006). A rose by any other name…: Color-naming influences on decision making. *Psycholgy & Marketing*, *23*(12), 975-993.

5) Elliot, A. J., Maier, M. A., Moller, A. C., Friedman, R., & Meinhardt, J. (2007). Color and psychological functioning: The effect of red on performance attainment. *Journal of Experimental Psychology: General*, *136*(1), 154-168.

6) Norton, M. I., Mochon, D., & Ariely, Dan. (2012). The IKEA effect: When labor leads to love. *Journal of Consumer Psychology*, *22*(3), 453–460.

7) O'Barr, W. M. (2005). "Subliminal" advertising. *Advertising & Society Review*, *6*(4).

8) Verwijmeren, T., Carremans, J. C., Stroebe, W., & Wigboldus, D. J. (2011). The workings and limits of subliminal advertising: The role of habits. *Journal of Consumer Psychology*, *21*(2), 206-213.

9) Fitzsimons, G. M., Chartrand, T. L., & Fitzsimons, G. J. (2008). Automatic effects of brand exposure on motivated behavior: How apple makes you "Think Different". *Journal of Consumer Research*, *35*(1), 21-35.

10) Chartrand, T. L., Huber, J., Shiv, B., & Tanner, R. J. (2008). Nonconscious goals and consumer choice. *Journal of Consumer Research*, *35*(2), 189-201.

11) Kemps, E., Tiggemann, M., & Hollitt, S. (2014). Exposure to television food advertising primes food-related cognitions and triggers motivation to eat. *Psychology & Health*, *29*(10), 1192-1205.

12) Harris, J. L., Bargh, J. A., & Brownell, K. D. (2009). Priming effects of television food advertising on eating behavior. *Health Psychology*, *28*(4), 404–413.

13) Sims, J., Mikkelsen, L., Gibson, P., & Warming, E. (2011). Claiming health: Front-of-package labeling of children's food. Prevention Institute.

14) Schwartz, B. (2004). *The paradox of choice: Why more is less*. Harper Perennial.

15) Besedes, T., Deck, C., Sarangi, S., & Shor, M. (2015). Reducing choice overload without reducing choices. *The Review of Economics and Statistics*.

16) Shampan'er, K., & Ariely, D. (2006). How small is zero price? The true value of free products. *Advances in Consumer Research*, *33*, 254-255.

17) Gino, F., Norton, M. I., & Ariely, D. (2010). The counterfeit self: The deceptive costs of faking it. *Psychological Science, 21*(5), 712-720.

18) Griskevicius, V., Tybur, J. M., & Van den Bergh, B. (2010). Going green to be seen: Status, reputation, and conspicuous conservation. *Journal of Personality and Social Psychology, 98*(3), 392-404.

발달심리학

1) Rosenthal, R. & Jacobson, L. (1968). *Pygmalion in the Classroom*. New York: Holt, Rinehart & Winston.

2) Plassmann, H., O'Doherty, J., Shiv, B., & Rangel, A. (2008). Marketing actions can modulate neural representations of experienced pleasantness. *Neuroscience, 105*(3), 1050-1054.

3) Morrot, G., Brochet, F., & Dubourdieu, D. (2001). The colors of odors. *Brain and Language, 79*(2), 309-320.

4) Sugawara, S. K., Tanaka, S., Okazaki, S., Watanabe, K., & Sadato, N. (2012). Social rewards enhance offline improvements in motor skill. *PLoS One, 7*(11).

5) Brummelman, E., Thomaes, S., Castro, B., Overbeek, G., & Bushman, B. (2014). "That's not just beautiful – That's incredibly beautiful!": The adverse impact of inflated praise on children with low self-esteem. *Psychological Science*.

6) Wedge, M. (2015). *A disease called childhood: Why ADHD became an American Epidemic*. Avery.

7) Harlow, H. (1958). The nature of love. *American Psychologist, 13*, 573–685.

8) Ainsworth, M. D., Blehar, M. C., Waters, E., & Wall, S. (1978). *Patterns of attachment: A psychological study of the strange situation*. Hillsdale, NJ: Erlbaum.

9) Costello, V. (2013, January 30). Five ways to create a secure attachment with your baby, without sharing your bed [Web log post]. Retrieved from http://psychcentral.com/lib/five-ways-to-create-a-secure-attachment-with-your-baby-without-sharing-your-bed/

10) Mischel, W., Ebbesen, E. B., & Raskoff Zeiss, A. (1972). Cognitive and attentional mechanisms in delay of gratification. *Journal of Personality and Social Psychology, 21*(2), 204-218.

11) Mischel, W., Shoda, Y., & Rodriguzez, M. L. (1989). Delay of gratification in children. *Science*, *244*, 933-938.

12) Schlam, T. R., Wilson, N. L., Shoda, Y., Mischel, W., & Ayduk, O. (2013). Preschoolers' delay of gratification predicts their body mass 30 years later. *The Journal of Pediatrics*, *162*, 90-93.

13) Casey, B. J., Somerville, L. H., Gotlib, I. H., Ayduk, O., Franklin, N. T., Askren, M. K., Jonides, J., Berman, M. G., Wilson, N. L., Teslovich, T., Glover, G., Zayas, V., Mischel, W., & Shoda, Y. (2011). From the cover: Behavioral and neural correlates of delay of gratification 40 years later. *Proceedings of the National Academy of Sciences*, *108*(36), 14998-15003.

14) Markey, C. N. (2014, June 16). Should you let your kids eat junk food? [Web log post]. Retrieved from https://www.psychologytoday.com/blog/smart-people-don-t-diet/201406/should-you-let-your-kids-eat-junk-food/

15) Bigler, R. S. (1995). The role of classification skill in moderating environmental influences on children's gender stereotyping: A study of the functional use of gender in the classroom. *Child Development*, *66*(4), 1072-1087.

16) Carlsson-Paige, N., McLaughlin, G. B., & Almon, J. W. (2015). Reading instruction in kindergarten: Little to gain and much to lose. Published online by the Alliance for Childhood.

17) Darling-Hammond, L., & Snyder, J. (1992). Curriculum studies and the traditions of inquiry: The scientific tradition. *Handbook of research on curriculum*, 41-78.

18) Marcon, R. A. (2002). Moving up the grades: Relationship between preschool model and later school success. *Early Childhood Research & Practice*, *4*(1).

19) Schweinhart, L. J., & Weikart, D. P. (1997). The high/scope pre-school curriculum comparison study through age 23. *Early Childhood Research Quarterly*, *12*, 117-143.

사랑심리학

1) Dutton, D. G., & Aaron, A. P. (1974). Some evidence for heightened sexual attraction under conditions of high anxiety. *Journal of Personality and Social Psychology*, *30*(4), 510–517.

2) Schachter, S., & Singer, J. (1962). Cognitive, social, and physiological determinants of emotional state. *Psychological Review, 69*(5), 379–399.

3) Jorgensen, M. (2004). The effects of partner's appearance on the perception of physical attractiveness. *Psi Chi, 9.*

4) Swami, V., Furnham, A., Georgiades, C., & Pang, L. (2007). Evaluating self and partner physical attractiveness. *Body Image, 4*(1), 97–101.

5) Swami, V., Stieger, S., Haubner, T., Voracek, M., & Furnham, A. (2009). Evaluating the physical attractiveness of oneself and one's romantic partner. *Journal of Individual Differences, 30*(1), 35-43.

6) Buunk, B. P., Dijkstra, P., Kenrick, D. T., & Warntjes, A. (2001). Age preferences for mates as related to gender, own age, and involvement level. *Evolution and Human Behavior, 22*, 241-250.

7) Rudder, C. (2013, February 13). *Inside OKCupid: The math of online dating* [Video file]. Retrieved from http://ed.ted.com/lessons/inside-okcupid-the-math-of-online-dating-christian-rudder#review/

8) DeBruine, L. M., Jones, B. C., Little, A. C., & Perrett, D. I. (2008). Social perception of facial resemblance in humans. *Archives of Sexual Behavior, 37*(1), 64-77.

9) Singh, D., & Bronstad, P. M. (2001). Female body odour is a potential cue to ovulation. *Proceedings of the Royal Society of London B, 268*, 797-801.

10) Wedekind, C., & Penn, D. (2000). MHC genes, body odours, and odour preferences. *Nephrology Dialysis Transplantation, 15*(9), 1269-1271.

11) Xu, Y., Lee, A., Wu, W., Liu, X., & Birkholz, P. (2013). Human vocal attractiveness as signaled by body size projection, *PLoS ONE, 8*(4).

12) Williams, L. E., & Bargh, J. A. (2008). Experiencing physical warmth promotes interpersonal warmth. *Science, 322*(5901), 606-607.

13) Maslar, D. (2014, May 8). *The science of attraction* [Video file]. Retrieved from http://ed.ted.com/lessons/the-science-of-attraction-dawn-maslar#review/

14) Acevedo, B. P., Aron, A., Fisher, H. E., & Brown, L. L. (2011). Neural correlates of long-term intense romantic love. *Social Cognitive and Affective Neuroscience, 7*(2), 145-159.

15) Akin, A., & Iskender, M. (2011). Internet addiction and depression, anxiety, and stress. *International Online Journal of Educational Sciences*, *3*(1), 138-148.

16) Valenzuela, S., Halpern, D., & Katz, J. E. (2014). Social network sites, marriage well-being and divorce: Survey and state-level evidence from the United States. *Computers in Human Behavior*, *36*, 94-101.

17) Muusses, L. D., Finkenauer, C., Kerkhof, P., & Billedo, C. J. (2014). A longitudinal study of the association between compulsive internet use and wellbeing. *Computers in Human Behavior*, *36*, 21-28.

18) Zajonc, R. B., Adelmann, P. K., Murphy, S. T., & Niedenthal, P. M. (1987). Convergence in the physical appearance of spouses. *Motivation and Emotion*, *11*(4), 335-346.

19) Domingue, B. W., Fletcher, J., Conley, D., & Boardman, J. D. (2014). Genetic and educational assortative mating among US adults. *Proceedings of the National Academy of Science of the United States of America*, *111*(22), 7996-8000.

20) Brenner, A. (2015, March 30). 10 Signs that you're in a healthy relationship [Web log post]. Retrieved from https://www.psychologytoday.com/blog/in-flux/201503/10-signs-youre-in-healthy-relationship/

21) Sarkis, S. (2012, August 13). 7 Signs you may be headed for a breakup [Web log post]. Retrieved from https://www.psychologytoday.com/blog/here-there-and-everywhere/201208/7-signs-you-may-be-headed-breakup/

사회심리학

1) Milgram, S. (1963). Behavioral study of obedience. *Journal of Abnormal and Social Psychology*, *67*(4), 371-378.

2) Milgram, S. (1974). *Obedience to authority: An experimental view*. Harpercollins.

3) Asch, S. E. (1956). Studies of independence and conformity. A minority of one against a unanimous majority. *Psychological Monographs*, *70*(9), 1-70.

4) Gladwell, M. (2007). *Blink*. Back Bay Books.

5) Crash Course. (2014, November 17). *Prejudice & Discrimination* [Video file]. Retrieved from https://

www.youtube.com/watch?v=7P0iP2Zm6a4/

6) Hummert, M. L., Garstka, T. A., O'Brien, L. T., Greenwald, A. G., & Mellott, D. S. (2002). Using the implicit association test to measure age differences in implicit social cognitions. *Psychology and Aging*, *17*(3), 482-495.

7) Sherif, M., Harvey, O. J., White, B. J., Hood, W. R., & Sherif, C. W. (1961). *Intergroup conflict and cooperation: The Robbers Cave experiment* (Vol. 10). Norman, OK: University Book Exchange.

8) Evans, J. R., Michael, S. W., Meissner, C. A., & Brandon, S. E. (2013). Validating a new assessment method for deception detection: Introducing a psychologically based credibility assessment tool. *Journal of Applied Research in Memory and Cognition*, *2*(1), 33-41.

9) Chartrand, T. L., & Bargh, J. A. (1999). The chameleon effect: The perception-behavior link and social interaction. *Journal of Personality and Social Psychology*, *76*(6), 893-910.

10) Melina, R. (2010, April 16). Mirror neurons allow us to understand each other [Web log post]. Retrieved from http://www.livescience.com/11002-mirror-neurons-understand.html/

11) Adam, H., & Galinsky, A. D. (2012). Enclothed cognition. *Journal of Experimental Social Psychology*, *48*(4), 918-925.

12) Fredrickson, B. L., Roberts, T. A., Noll, S. M., Quinn, D. M., & Twenge, J. M. (1998). That swimsuit becomes you: Sex differences in self-objectification, restrained eating and math performance. *Journal of Personality and Social Psychology*, *75*, 269- 284.

13) Pine, K. J. (2014). *Mind what you wear: The psychology of fashion*.

14) McCarney, R., Warner, J., Iliffe, S., van Haselen, R., Griffin, M., & Fisher, P. (2007). The Hawthorne effect: A randomised, controlled trial. *BMC Medical Research Methodology*, *7*(30).

15) *Testing the Hawthorne effect* [Video file]. Retrieved from https://www.youtube.com/watch?v=b_YA-JtJmPLE/

16) Murder of Kitty Genovese. (n.d.). In *Wikipedia*. Retrived November 26, 2015, from https://en.wikipedia.org/wiki/Murder_of_Kitty_Genovese/

17) Darley, J. M., & Latané, B. (1968). Bystander intervention in emergencies: Diffusion of responsibility. *Journal of Personality and Social Psychology*, *8*, 377-383.

긍정심리학

1) Wallis, C. (2005). Science of happiness: New research on mood, satisfaction. *TIME*.

2) Reid, A. (2004). Gender and sources of subjective well-being. *Sex Roles*, *51*(11/12), 617-629.

3) Plagnol, A., & Easterlin, R. (2008). Aspirations, attainments, and satisfaction: Life cycle differences between American women and men. *Journal of Happiness Studies*, *9*(4), 601-619.

4) Aknin, L., Norton, M., & Dunn, E. (2009). From wealth to well-being? Money matters, but less than people think. *The Journal of Positive Psychology*, *4*(6), 523-527.

5) Orden, S. R., & Bradburn, N. M. (1968). Dimensions of marriage happiness. *American Journal of Sociology*, *73*(6), 715-731.

6) Lucas, R. E., Clark, A. E., Georgellis, Y., & Diener, E. (2003). Reexamining adaptation and the set point model of happiness: Reactions to changes in marital status. *Journal of Personality and social psychology*, *84*(3), 527-539.

7) Wallis, C. (2005). Science of happiness: New research on mood, satisfaction. *TIME*.

8) Eisenberger, N. I., Lieberman, M. D., & Williams, K. D. (2003). Does rejection hurt? An fMRI study of social exclusion. *Science*, *302*(5643), 290-292.

9) Kross, E., Berman, M. G., Mischel, W., Smith, E. E., & Wager, T. D. (2011). Social rejection shares somatosensory representations with physical pain. *PNAS*, *108*(15), 6270-6275.

10) Winch, G. (2014, July 20). 5 Ways emotional pain is worse than physical pain [Web log post]. Retrieved from https://www.psychologytoday.com/blog/the-squeaky-wheel/201407/5-ways-emotional-pain-is-worse-physical-pain/

11) 통계청, 2010년 인구주택총조사

12) Hilbrecht, M., Smale, B., & Mock, S. E. (2014). Highway to health? Commute time and well-being among Canadian adults. *World Leisure Journal*, *56*(2), 151-163.

13) Hoehner, C. M., Barlow, C. E., Allen, P., & Schootman, M. (2012). Commuting distance, cardiorespiratory fitness, and metabolic risk. *American Journal of Preventive Medicine*, *42*(6), 571-578.

14) Besser, L. M., Marcus, M., & Frumkin, H. (2008). Commute time and social capital in the U.S. *American Journal of Preventive Medicine*, *34*(3), 207-211.

15) Lyons, G., & Urry, J. (2005). Travel time use in the information age. *Transportation Research Part A*, *39*, 257-276.

16) Keller, A., Litzelman, K., Wisk, L. E., Maddox, T., Cheng, E. R., Creswell, P. D., & Witt, W. P. (2012). Does the perception that stress affects health matter? The association with health and mortality. *Health Psychology*, *31*(5), 677-684.

17) Rith-Najarian, L. R., McLaughlin, K. A., Sheridan, M. A., & Nock, M. K. (2014). The biopsychosocial model of stress in adolescence: Self-awareness of performance versus stress reactivity. *Stress*, *17*(2), 193-203.

18) Poulin, M. J., Brown, S. L., Dillard, A. J., & Smith, D. M. (2013). Giving to others and the association between stress and mortality. *American Journal of Public Health*, *103*(9), 1649-1655.

19) Flaxington, B. D. (2014, June 27). How to help yourself through hypnosis [Web log post]. Retrieved from https://www.psychologytoday.com/blog/understand-other-people/201406/how-help-yourself-through-hypnosis/

20) Hoge, E. A., Bui, E., Marques, L., Metcalf, C. A., Morris, L. K., Robinaugh, D. J., Worthington, J. J., Pollack, M. H., & Simon, N. M. (2013). Randomized controlled trial of mindfulness meditation for generalized anxiety disorder: Effects on anxiety and stress reactivity. *Journal of Clinical Psychiatry*, *74*(8), 786-792.

21) Ramsburg, J. T., & Youmans, R. J. (2014). Meditation in the higher-education classroom: Meditation training improves student knowledge retention during lectures. *Mindfulness*, *5*(4), 431-441.

22) Reed, J., & Ones, D. S. (2006). The effect of acute aerobic exercise on positive activated affect: A meta-analysis. *Psychology of Sport and Exercise*, *7*(5), 477-514.

23) Cacioppo, J. T., & Cacioppo, S. (2014). Social relationships and health: The toxic effects of perceived social isolation. *Social and Personality Psychology Compass*, *8*, 58–72.

24) Emmons, R. A., & McCullough, M. E. (2003). Counting blessings versus burdens: An experimental investigation of gratitude and subjective well-being in daily life. *Journal of personality and social psychology*, *84*(2), 377.

25) Meevissen, Y., Peters, M. L., & Alberts, H. J. (2011). Become more optimistic by imagining a best pos-

sible self: Effects of a two week intervention. *Journal of behavior therapy and experimental psychiatry*, *42*(3), 371-378.

26) Ryff, C. D. (1995). Psychological well-being in adult life. *Current directions in psychological science*, 99-104.

27) Weingarten, G. (2007, April 08). Pearls before breakfast. *The Washington Post*, W10.

28) Zhang, T., Kim, T., Brooks, A. W., Gino, F., & Norton, M. I. (2014). A ¨present¨ for the future: The unexpected value of rediscovery. *Psychological Science*, *25*(10), 1851-1860.

성격심리학

1) Zimbardo, P. G., & Boyd, J. N. (1999). Putting time in perspective: A valid, reliable individual-differences metric. *Journal of Personality and Social Psychology*, *77*(6), 1271-1288.

2) Levine, R. V., & Norenzyan, A. (1999). The pace of life in 31 countries. *Journal of Cross-Cultural Psychology*, *30*(2), 178-205.

3) American Psychiatric Association. (2013). *Diagnostic and statistical manual of mental disorders: DSM-5*. Washington, D.C: American Psychiatric Association.

4) Vaillant, G. E., Bond, M., & Vaillant, C. O. (1986). An empirically validated hierarchy of defence mechanisms. *Archives of General Psychiatry*, *73*, 786–794.

5) Nolen-Hoeksema, S. (2014). *Abnormal Psychology*. New York, New York: McGraw] Hill Education.

6) Koskinen, O., Pukkila, K., Hakko, H., Tiihonen, J., Väisänen, E., Särkioja, T., & Räsänen, P. (2002). Is occupation relevant in suicide? *Journal of Affective Disorders*, *70*(2), 197-203.

7) Klimstra, T. A., Frijns, T., Keijsers, L., Denissen, J. J. A., Raaijmakers, Q. A. W., van Aken, M. A. G., Koot, H. M., van Lier, P. A. C., & Meeus, W. H. J. (2011). Come rain or come shine: Individual differences in how weather affects mood. *Emotion*, *11*(6), 1495-1499.

8) Connolly, M. (2008). Here comes the rain again: Weather and the intertemporal substitution of leisure. *Journal of Labor Economics*, *26*(1), 73-100.

9) Lewandowski, G. W., Aron, A., & Gee, J. (2007). Personality goes a long way: The malleability of opposite-sex physical attractiveness. *Personal Relationships, 14*(4), 571-585.

10) Swami, V., Greven, C., & Furnham, A. (2007) More than just skin-deep? A pilot study integrating physical and non-physical factors in the perception of physical attractiveness. *Personality and Individual Differences, 42*(3), 563-572.

11) Swami, V., Furnham, A., Champorro-Premuzic, T., Akbar, K., Gordon, N., Harris, T., Finch, J., & Tovée, M. J. (2010). More than just skin deep? Personality information influences men's ratings of the attractiveness of women's body sizes. *The Journal of Social Psychology, 150*(6), 628-647.

12) Goldberg, L. R. (1993). The structure of phenotypic personality traits. *American Psychologist, 48*, 26-34.

13) OECD (2015), *Health at a Glance 2015: OECD Indicators*, OECD Publishing, Paris.

14) 통계청, 2012년 사망원인 통계연보

15) Smith, M., Segal, J., & Robinson, L. (2015) Suicide prevention: How to help someone who is suicidal [Web log post]. Retrieved from http://www.helpguide.org/articles/suicide-prevention/suicide-prevention-helping-someone-who-is-suicidal.htm/

16) Lickerman, A. (2010, April 29). The six reasons people attempt suicide [Web log post]. Retrieved from https://www.psychologytoday.com/blog/happiness-in-world/201004/the-six-reasons-people-attempt-suicide/

17) Smith, M., Segal, J., & Robinson, L. (2015). Suicide prevention: How to help someone who is suicidal [Web log post]. Retrieved from http://www.helpguide.org/articles/suicide-prevention/suicide-prevention-helping-someone-who-is-suicidal.htm/

18) Smith, M., Segal, R., & Segal, J. (2015, September). Phobias and fears [Web log post]. Retrieved from http://www.helpguide.org/articles/anxiety/phobias-and-fears.htm/

19) American Psychiatric Association. (2013). *Diagnostic and statistical manual of mental disorders: DSM-5*. Washington, D.C: American Psychiatric Association.

20) Smith, M., Segal, R., & Segal, J. (2015, September). Phobias and fears [Web log post]. Retrieved from http://www.helpguide.org/articles/anxiety/phobias-and-fears.htm/

마음을 실험하다

ⓒ강사월. 민아원 2015

초판1쇄 발행 2015년 12월 29일
초판5쇄 발행 2019년 5월 24일

지은이 강사월
그린이 민아원

펴낸이 김재룡
펴낸곳 도서출판 슬로래빗

출판등록 2014년 7월 15일 제25100-2014-000043호
주소 (139-806) 서울시 노원구 동일로183길 34, 1504호
전화 02-6224-6779
팩스 02-6442-0859
e-mail slowrabbitco@naver.com
블로그 slowrabbitco.blog.me
포스트 post.naver.com/slowrabbitco
인스타그램 instagram.com/slowrabbitco

기획 강보경 편집 김가인 디자인 변영은 miyo_b@naver.com

값 14,800원
ISBN 979-11-86494-10-3 03180

「이 도서의 국립중앙도서관 출판시도서목록(CIP)은 서지정보유통지원시스템 홈페이지
(http://seoji.nl.go.kr)와 국가자료공동목록시스템(http://www.nl.go.kr/kolisnet)에
서 이용하실 수 있습니다. (CIP제어번호 : CIP2015033756)」